LES RÊVERIES

D'UN

ANCIEN CAPITAINE DE HUSSARDS.

LES

RÊVERIES

D'UN ANCIEN CAPITAINE DE HUSSARDS.

LUCY BLONDEL,

DRAME

EN TROIS ACTES ET EN VERS,

PAR M. LE VICOMTE DELALOT.

PARIS,

TYPOGRAPHIE DE FIRMIN DIDOT FRÈRES,

RUE JACOB, 56.

1852.

A M. LE DUC J. DE F*.**.

A décrier mon humble poésie,
Comment peux-tu prendre un malin plaisir?
Pour consumer mes heures de loisir,
Fut-il jamais plus douce fantaisie?
Si je n'ai pas reçu ce don du ciel
Qui soumet tout au pouvoir de la rime,
Ma poésie est exempte de fiel,
Comme mon âme est étrangère au crime.
Je n'ai jamais dans mes goûts innocents
Fait grimacer les traits de la nature,
Ni sous l'appât de la caricature
De mes amis fait rire les passants;
Je n'ai jamais du fouet de la satire
Armé ma main contre un siècle pervers,
Ni déguisé sous la pompe du vers
Un cœur enclin au penchant de médire.
Tu le sais bien, toi qui de mes essais
Encourageas la modeste pensée,
Vis-tu jamais ma vanité blessée,
D'heureux rivaux maudire le succès?
Sans m'élever contre la décadence,

A M. LE DUC J. DE F*.**.

Où chaque jour ce siècle entraîne l'art,
De leurs arrêts respectant la sentence,
J'applaudissais aux vers du boulevard ;
J'ai supporté les coups de l'injustice (1)
Qui me privaient des chances du combat,
Et, sans murmure, évacuant la lice,
Le philosophe a vengé le soldat.

Mais dans les yeux d'une fidèle amie
Quand de mes vers je cherche le seul prix ,
Tu viens encor me taxer de folie ;
Au mot d'amour, de pitié tu souris.

Hélas ! ami , crois-tu donc que mon âge
Puisse ignorer les mécomptes d'amour ?
Enfant léger d'une race volage,
Je fus trompeur et trompé tour à tour ;
Le ton brutal de ta philosophie
Peut m'épargner de cruelles leçons ;
En parcourant le sentier de la vie,
J'ai de ma laine enrichi ses buissons.
Déjà mon front au souffle de l'automne
De ses beaux jours a vu tomber les fleurs,
Et, des plaisirs effeuillant la couronne,
Le temps qui fuit remplit mes yeux de pleurs.

Aussi, crois-moi , c'est le dernier sourire
Où , de ce monde essayant le bonheur,
De la beauté j'aurai subi l'empire,
Quitte à pleurer une dernière erreur.

(1) Allusion au refus du drame qui suit.

Car je comprends par quel divin mystère
Tous nos plaisirs sont abreuvés de fiel ;
Mes yeux, longtemps attachés à la terre,
Se sont enfin relevés vers le ciel !
Notre imparfaite et fragile nature
Blasphème à tort contre le Créateur ;
La mort, dont l'homme incessamment murmure,
N'est que l'écueil où se brise l'erreur.

C'est là que tout, orgueil, beauté, richesse,
D'un faux éclat vient trahir le néant ;
Et ce qui cause ici-bas notre ivresse
N'a pas besoin d'un moindre enseignement.
Ami, tu vois que sans écrire en prose,
Sans renoncer aux doux pensers d'amour,
Tout à mes yeux n'est pas couleur de rose ;
J'ai passé l'âge où l'on rêve en plein jour.

PERSONNAGES.

LE PRINCE.
LA DUCHESSE DE VILLAFLOR, sa tante.
M. BLONDEL, receveur général.
LUCY BLONDEL, sa fille.
MADAME DE MARBEL, veuve d'un général, belle-sœur de M. Blondel.
GUSTAVE DE MARBEL, son fils, cousin de Lucy.
M. DE LUCEVAL, ami de Gustave.
RICHARD, chasseur du prince.
LISETTE, femme de chambre de Lucy.

La scène se passe à Paris dans la chaussée d'Antin, chez M. Blondel.

(REFUSE A LA COMÉDIE FRANÇAISE EN 1851).

LUCY BLONDEL,

DRAME EN TROIS ACTES.

ACTE PREMIER.

LA NOCE.

Le théâtre représente un salon ; trois grandes portes au fond, deux de côté ; un grand fauteuil près de chacune de celles-ci. Le reste de l'ameublement est celui de tous les salons ; son luxe est en rapport avec la fortune d'un de nos plus riches receveurs généraux.

SCÈNE PREMIÈRE.

RICHARD, seul, ayant un bouquet à la main.

Bravo, prince ! voici pour le coup un hôtel
Digne de nous ! grand, beau, magnifique, enfin tel
Qu'il convenait au nom que votre hymen lui donne !
Mais posons ce bouquet... Comment ! encor personne ?...
Ah ! mon maître, l'on peut citer votre bonheur !
Bien vous a pris, parbleu, d'être né grand seigneur ;

Tout vous réussit, tout vous sourit dans ce monde ;

Sur vous des financiers l'espérance se fonde,

Ils vous veulent pour gendre, et s'estiment heureux

Quand vous prenez leur fille, objet de tous les vœux.

La révolution, frappant votre fortune,

Vous a fait une fois subir la loi commune :

Qu'importe ? Votre nom ne vous reste-t-il pas ?

Ce talisman conserve encor bien des appas.

Le monde si souvent se prend à l'apparence !

   Cette fierté du moins que donne la naissance,

Qui se targue d'un nom illustre, glorieux,

Que ne vous force-t-elle à valoir vos aïeux ?

J'en parle d'après vous, je n'ai pas lu l'histoire ;

Mais votre père est là gravé dans ma mémoire ;

Nous l'avons tous connu. Pauvre prince ! La mort

A propos l'a frappé ! Quel eût été son sort !

N'eût-il pas mille fois maudit, dans sa colère,

Ce fils dont le désordre eût fait rougir son père ?

   Puisse-t-il l'ignorer dans son dernier séjour !...

Passer la nuit dehors, la veille d'un tel jour !

Hélas ! je le crains bien, ma future maîtresse,

Vous achèterez cher un titre de princesse...

Amendez-vous un peu, mon maître : mieux vaut tard

Que jamais, comme on dit...

SCÈNE II.

LISETTE, sortant de la porte à droite de l'acteur, **RICHARD**.

LISETTE.

Bonjour, monsieur Richard ;
Comment cela va-t-il ?

RICHARD.

Bonjour, mademoiselle.
Mon maître a confié ce message à mon zèle,
Ce bouquet... Mais, hélas ! je le dis à regret,
Voici donc le dernier... On n'est pas encor prêt...
  (A part.)
Tant mieux...

LISETTE.

Tenez, j'allais songer à ma toilette...
Celle de ma maîtresse est déjà chose faite.

RICHARD.

Ah ! dans tout son éclat nous allons donc la voir !
Comme elle sera belle !

LISETTE.

Oui, belle... par devoir...
Les yeux rouges...

RICHARD.

Sans doute ; on me l'a fait entendre...
Mon maître, accoutumé dès l'âge le plus tendre
A ne me rien cacher...

LISETTE.

C'est une intimité
Qui vous fait grand honneur...

RICHARD.

Quelle sévérité !
Tel maître, tel valet, direz-vous ? Non ; ce monde,
Croyez-moi, trop souvent en méprises abonde ;
Et, sans aller ici relever mainte erreur,
Sous la livrée on peut porter un noble cœur.

LISETTE.

Richard, excusez-moi ; le soupçon d'une offense
Ne saurait s'allier avec ce que je pense
De l'homme que mon cœur a choisi pour époux.

(Elle lui tend la main.)

Du moins, n'imitez pas votre maître...

RICHARD.

Ni vous,

Votre maîtresse...

LISETTE.

En quoi ?

RICHARD.

Vous le disiez vous-même.
Elle épouse le prince : est-ce donc lui qu'elle aime ?
Le monde sur ce point n'est pas très-scrupuleux ;
Aussi fourmille-t-il d'exemples scandaleux.
Je ne suis qu'un valet ; mais pour prendre une femme
Sans posséder son cœur, ah ! je me sens trop d'âme !
Et des grandeurs si fort je ne suis pas épris,
Que je fisse marché d'être prince à ce prix.

LISETTE.

De ces beaux sentiments je suis toute ravie ;
Que cela fait plaisir !

RICHARD.

De la philosophie !
La vertu d'antichambre...

LISETTE.

A votre tour, pourquoi
Tant de sévérité ? Richard, écoutez-moi.
J'excuse votre maître, et répugne à lui faire
De son ambition un reproche sévère.
En s'alliant, il veut à l'éclat de son nom
Joindre celui de l'or ; est-il à blâmer ? Non,
Assurément.

RICHARD.

Pourtant, pauvreté n'est pas vice...

LISETTE.

Mais c'est un grand défaut. A mes yeux, la justice
De monsieur Blondel seul réprouve ici l'erreur ;
Sciemment, de sa fille il va briser le cœur.
A l'éclat d'un grand nom il s'est laissé surprendre ;
C'était sa passion : il fallait que son gendre
Fût un homme titré. Sans cesse il fit la cour
Aux comtes, marquis, ducs. On lui présente un jour
Un prince, il perd la tête ; en cela, sa folie
Des titres pas à pas suit la hiérarchie.

RICHARD.

Chez les grands, voilà donc comme légèrement
On se met sous le poids d'un éternel serment !
Un jour, sans y songer, on engage sa vie.
Nous aurions tort, vraiment, de leur porter envie !

LISETTE.

Ah ! Lucy, pauvre enfant, digne d'un meilleur sort !
Trop de soumission est son unique tort !
En ce moment, d'ailleurs, tout appui l'abandonne ;
Sa tante, son cousin... Auprès d'elle personne
Qui lui donne un conseil, qui lui prête secours,
Qui d'un pareil chagrin préserve enfin ses jours.

Contre elle ses vertus sont les premières armes ;
Aux regards de son père elle cache ses larmes,
Et voudrait absorber dans sa propre douleur
Tout ce que cet hymen peut causer de malheur.

RICHARD.

Les conseils du cousin ne sont pas un problème.
Se serait-il laissé ravir celle qu'il aime ?
Non sans doute...

LISETTE.

Le sort va donc les séparer.
Ont-ils pu se connaître et ne pas s'adorer ?
L'un pour l'autre formés, ils vivaient d'espérance.
Eux dont tant de liens enchaînaient l'existence,
A qui deux tendres sœurs avaient donné le jour,
Qu'unissait l'amitié longtemps avant l'amour !
Aux larmes de sa fille, au chagrin qui l'accable,
Monsieur Blondel peut-il rester inexorable ?
C'est un crime, Richard, que le ciel doit punir,
Que de rompre les nœuds de ceux qu'il veut unir.

SCÈNE III.

M. BLONDEL, RICHARD.

(Lisette rentre dans l'appartement de sa maîtresse, emportant le bouquet
laissé par Richard.)

M. BLONDEL, sortant de la porte à gauche.

Bonjour, Richard, bonjour. Eh bien! et votre maître,
Ce cher prince, bientôt le verrons-nous paraître?

RICHARD.

(A part.)

Il ne saurait tarder, je pense… Vraiment oui,
Peut-être n'est-il pas encor rentré chez lui!

M. BLONDEL.

Parbleu, de ce moment il faut que je profite
Pour causer avec vous… car votre air franc m'invite,
Et je me sens pour vous de l'inclination…

RICHARD.

Monsieur fait trop d'honneur à ma condition…

M. BLONDEL.

Pas du tout, pas du tout; et le prince lui-même
(Il me l'a dit souvent) vous estime, vous aime.
Je crois que nous pourrons sans peine en faire autant.
De sa maison, d'ailleurs, n'êtes-vous pas l'enfant?

Qui pourrait voir en vous un serviteur vulgaire ?
Vous, son frère de lait ! quelle injure vous faire !
    Tenez, le prince est jeune ; et, de sa liberté,
Jusqu'à ce jour sans doute il a bien profité :
Rien de plus naturel. Mais je vous parle en père
(Vous ne me trouvez pas ridicule, j'espère ?),
De ma fille j'entends assurer le bonheur ;
Et, sans aller ici montrer trop de rigueur,
N'est-il pas certains points sur lesquels votre maître
De quelques bons conseils aura besoin peut-être ?...
Vous lui rappellerez les devoirs d'un époux,
Vous le sermonnerez... oh ! je compte sur vous ;
N'est-il pas vrai, Richard ?

RICHARD.

                    Monsieur, je crois, plaisante !

M. BLONDEL.

C'est bon ; vous n'avez pas la langue médisante ;
Je ne veux pas non plus me montrer indiscret.
Vous pouvez à loisir garder votre secret.
Nous en reparlerons, d'ailleurs ; logés ensemble,
Cela sera facile... A propos, que vous semble
De cet hôtel ? Voyons, êtes-vous satisfait ?

RICHARD.

La critique, monsieur, ne peut être mon fait.

2

Est-il quelqu'un d'ailleurs que ceci ne contente ?

Au prince, vous savez, la duchesse sa tante

Avait donné chez elle un petit logement ;

Nous n'étions pas gâtés.

M. BLONDEL.

                Eh bien ! dès ce moment

Cet hôtel est le sien ; sans me flatter, je pense

Qu'il est digne du prince. Ayant la jouissance

De mon appartement, il peut par ce salon

Se rendre chez sa femme en tout temps, sans façon.

Là, jadis, à sa mère a succédé ma fille ;

C'est notre sort, voilà les pères de famille,

Voilà comme on nous chasse. Hélas ! que voulez-vous ?

C'est le monde : pourquoi nous en plaindrions-nous ?

(Il montre le fond du théâtre).

Par ici, vous savez, s'ouvre la galerie ;

Quand tout est éclairé, c'est presque une féerie.

Je m'en rapporte au prince, et je mets quelque orgueil

A le faire, ce soir, jouir de ce coup d'œil...

    Mais pourquoi si longtemps se fait-il donc attendre ?

Richard, prenez un peu la peine de descendre ;

Allez même, au besoin, jusques à votre hôtel

Voir si le prince vient.

RICHARD.

J'y cours, monsieur Blondel.

SCÈNE IV.

M. BLONDEL, seul.

Monsieur Blondel!... vraiment ce nom me désespère!

Je ne puis le souffrir; il est commun, vulgaire!

Et puis, comment d'ailleurs le porter désormais?

Ma fille épouse un prince, elle prend à jamais

Un grand nom... Les enfants nés de cette alliance,

Mes petits-fils, seront princes dès leur naissance!

Leur grand-père peut-il conserver un tel nom?

Ce serait m'exposer à leur dérision...

   Je sais bien qu'à la banque, à la bourse, en commerce,

Ma signature est bonne; et sans doute elle exerce

Plus d'influence là que... (soit dit entre nous)

Maint nom de duc et pair. J'en sais qui sont jaloux

De mon crédit... c'est vrai... Mais aussi, dans le monde,

Aux portes d'un salon où la noblesse abonde,

C'est, il faut l'avouer, un supplice mortel

De s'entendre annoncer tout court : *Monsieur Blondel...*

N'y pourrais-je donc pas ajouter quelque chose?

Cent mille écus de rente en bien fonds, je suppose,

2.

Offrent assez de noms de terre faits exprès.

Le grand mal, dites-moi, quand je me nommerais

Blondel de la Forêt, des Bassins, ou des Mares ?

Les exemples vraiment en sont-ils donc si rares ?

Je porterai deux noms, trois, si la quantité

Peut en cela tenir lieu de la qualité.

SCÈNE V.

LUCY, en costume de mariée; M. BLONDEL.

M. BLONDEL.

Ah ! vous voici, ma fille ! Eh, bonjour donc, princesse !

LUCY.

Bonjour, mon père.

(M. Blondel l'embrasse, puis, après l'avoir observée :)

Allons, encor de la tristesse !

Comment vous trouvez-vous ?

LUCY, vivement.

Bien, mon père, très-bien.

M. BLONDEL.

Ah ! Lucy, mon enfant, quel sort est donc le mien ?

Lorsque votre bonheur fait mon unique affaire,

Lorsqu'il me paraît sûr, vous, vous pleurez...

LUCY.

Mon père,

Ne parlez pas ainsi : n'en croyez pas vos yeux :
Non , je ne pleure pas ; tenez, j'ai l'air joyeux,
Je ris, soyez content ; voyez plutôt vous-même.

M. BLONDEL.

Ma fille, vous faut-il dire que je vous aime ?
Je n'ai que vous au monde ; en vous donnant le jour,
Ma femme fut, hélas ! ravie à mon amour.
C'est pour vous seule, objet de toute ma tendresse,
Que j'ai tant travaillé, que j'ai cherché sans cesse
A grossir ma fortune. Ah! ma fortune ! erreur ;
C'est la vôtre plutôt que veut dire mon cœur.

LUCY.

Mon père, avez-vous donc besoin d'apologie ?
Quelle voix vous accuse ?

M. BLONDEL.

Aucune, mon amie ;

Mais il est un reproche, hélas ! trop sérieux
Que trahit malgré vous la rougeur de vos yeux.
Vous m'accusez, Lucy ; d'autres que vous, je pense,
M'accusent de n'avoir formé cette alliance
Que dans l'espoir d'un nom. Eh! mon enfant, pourquoi
Dans ce monde êtes-vous arrivée après moi ?

Pourquoi donc le premier aurais-je de la vie
Traversé les écueils, si ma tête blanchie
N'a quelque expérience, et ne peut ici-bas
Par d'utiles conseils guider vos premiers pas?
Car je suis vieux, Lucy; je sens ma fin prochaine :
Accablé sous le poids du chagrin, de la peine,
Je succombe; sans vous, sans ces liens puissants
Qui m'attachent au monde, ah ! déjà, je le sens,
Je serais mort. Ma fille, auprès de votre mère
J'occuperais ma place.

LUCY.

Y pensez-vous, mon père ?
Me tenir aujourd'hui de semblables discours?
Ah ! du moins à mes pleurs laissez un libre cours.

M. BLONDEL.

Écoutez-moi, Lucy; du ciel si l'indulgence
Donne encor quelques jours à ma faible existence,
Fixant votre avenir avant de vous quitter,
D'un auguste devoir laissez-moi m'acquitter.
Puis-je tromper ma fille ? Où donc trouvera-t-elle
Un ami plus sincère, un guide plus fidèle?
Un jour viendra (peut-être il n'est pas éloigné)
Où, du chagrin qu'ici vous avez témoigné,
De plus doux sentiments viendront prendre la place;

A ma juste rigueur vous-même rendrez grâce.
D'un rang bien mérité vous jouirez alors,
Et , recueillant le fruit de vos nobles efforts,
Vous deviendrez l'appui d'une illustre famille.
Votre protection sera grande , ma fille ,
Et Gustave lui-même...

LUCY.

    Ah ! mon père , pourquoi
Prononcez-vous son nom ? je n'en parlais pas, moi !

M. BLONDEL.

Ma fille , permettez.

LUCY.

    Non , puisque votre bouche
L'a nommé , de son sort , qui vivement me touche,
Daignez m'instruire ; un mot, de grâce, encore un mot,
Et ce sera fini pour toujours, s'il le faut !

M. BLONDEL.

Que voulez-vous ?

LUCY.

    Depuis une semaine entière
On sait mon mariage, et ni lui ni sa mère
En ces lieux n'ont paru ; sans doute son devoir
Le fixait loin d'ici. Mais il l'a dû savoir,
Sa mère aussi. Non, non, ce n'est pas la distance

Qui m'a jusqu'à ce jour ravi leur assistance;
Mais en changeant de nom, ah! je le prévoyais,
Cette maison pour eux est fermée à jamais!

M. BLONDEL.

Ma fille, un tel soupçon et m'afflige et m'offense.

LUCY.

Mon père, pardonnez; mais de l'obéissance
Ma douleur ne veut pas affaiblir le lien.
Qu'est devenu Gustave? Ah! ne me cachez rien.
Vit-il? à ses serments est-il devenu traître?
Je connais trop son cœur; cela ne saurait être...

M. BLONDEL.

Lucy, ma chère enfant!

LUCY.

Non, je veux tout savoir.
Avouez-le-moi donc; dites quel désespoir
Aura pu dans son cœur porter cette nouvelle?
Mais vous êtes ému... Votre trouble révèle
Quelque malheur... Mon père, ah! Gustave est-il mort?
Rassurez-vous du moins, et, quel que soit son sort,
Je vous obéirai; fiez-vous à l'usage :
On ne prend pas le deuil un jour de mariage!
Il est donc mort, Gustave?... et sais-je en vérité

Si j'aurais préféré son infidélité?

(Elle se jette dans les bras de son père.)

M. BLONDEL.

Ma fille, mon enfant! grâce pour ma vieillesse!
Quel mal vous me causez!

(On annonce.)

Madame la duchesse

De Villaflor.

M. BLONDEL.

Allons! la duchesse à présent!
Lucy, cachez vos pleurs, modérez votre accent.
Eh quoi! moi-même aussi, le ciel me le pardonne,
Je crois que je pleurais! Heureusement, personne
Ne m'a vu m'attendrir! La duchesse! parbleu,
Elle vient à propos : je faiblissais un peu!

SCÈNE VI.

MADAME DE VILLAFLOR, LES PRÉCÉDENTS.

M. BLONDEL.

Madame la duchesse, agréez mon hommage...

MADAME DE VILLAFLOR.

Mon cher monsieur Blondel, bonjour; mais... quel dommage!
Se peut-il? mon neveu n'est pas avec vous?

M. BLONDEL.

                         Non,

Madame la duchesse; et, soit dit sans façon,
Ici nous l'attendions avec impatience...

    (A part.)

Moi du moins.

MADAME DE VILLAFLOR.

              Comment donc? mais son tort est immense!
Se faire attendre ainsi! Quand on le dit chez vous!
C'est presque anticiper sur les droits d'un époux.
Et cette chère enfant, cette charmante nièce
(Car elle va bientôt, à ma vive tendresse,
Avoir de nouveaux droits), voyons, va-t-elle bien?
Grands dieux! elle a pleuré!

LUCY.

              Madame, ce n'est rien.

M. BLONDEL.

Ce n'est rien; vous savez... un jour de mariage...
Oh! elles en sont là les filles de son âge!

MADAME DE VILLAFLOR.

Je le sais; oui, vraiment. Car tout ce siècle-ci
Est d'un sentimental! De mon temps, Dieu merci,
Les choses allaient mieux, et jamais dans les larmes
On n'eût un pareil jour été noyer ses charmes!

Quant à moi, lorsque j'ai reçu le sacrement,
Je n'ai pas eu le tort d'y songer seulement;
J'étais si jeune alors! Et n'est-il pas plus sage
De ménager ses pleurs? On en peut faire usage
Lorsqu'on est marié! car; messieurs les époux,
Vous êtes si souvent infidèles, jaloux!
Jaloux! tel fut le mien. Dieu veuille avoir son àme!
Mais qu'il a de son temps fait enrager sa femme!
Mon cher monsieur Blondel, vous ai-je raconté
L'histoire d'un souper?

M. BLONDEL.

    Je crois; j'ai souvenance...
(A part.)

Un souper à la cour? Ah! je perds patience...
Va-t-elle commencer? Pour comble d'embarras,
Le prince tarde bien. Comment ne vient-il pas?

MADAME DE VILLAFLOR.

Oui, c'était au château; j'ai si bonne mémoire,
Que je vous puis encor raconter cette histoire
Comme un fait d'hier même; alors j'avais quinze ans!

M. BLONDEL.

Allons, nous y voilà... Mais qu'est-ce que j'entends?
Le bruit d'une voiture! Ah! c'est lui; je respire...
(Il court à la fenêtre, qu'il entr'ouvre.)

Un fiacre! O ciel! que vois-je? Un fiacre! quel martyre?
Il entre dans la cour! N'est-ce pas indécent?
Et dans un jour semblable?... Une femme en descend!
Madame de Marbel! ma belle-sœur!

(Il referme vivement la fenêtre, et se rapproche de madame de Villaflor.)

        Madame,

Daignez me pardonner... mais de vous je réclame...
C'est une affaire urgente... Oh! veuillez un moment
Accompagner Lucy dans son appartement...

  (A Lucy.)

Ma fille, à la duchesse offrez de la conduire.
Quand le prince viendra, j'irai vous en instruire.

     MADAME DE VILLAFLOR.

Volontiers. Comment donc, mon cher monsieur Blondel,
N'êtes-vous pas chez vous? Rien de plus naturel.

    (Se retournant avant de sortir.)

De mon récit, du moins, ne vous croyez pas quitte;
Plus tard j'espère bien vous en donner la suite.

SCÈNE VII.

M. BLONDEL, seul.

Quel supplice, bon Dieu! Me faudra-t-il donc voir
Par ce retard fatal tromper tout mon espoir?

L'objet de tant de vœux, le fruit de tant de peine,
Cette alliance enfin qui me semblait certaine,
Va-t-elle m'échapper? C'est échouer au port!

SCÈNE VIII.

MADAME DE MARBEL, M. BLONDEL.

MADAME DE MARBEL.

Monsieur, de ma douleur excusez le transport;
J'ai jusqu'à ce moment refusé de le croire.
De ma vieille amitié perdant toute mémoire,
Avez-vous pu sans moi disposer de Lucy?
Mais non, cela n'est pas; vous n'aurez pas ainsi
A la sacrifier employé mon absence:
Ah! monsieur, ce fait seul serait votre sentence!

M. BLONDEL.

(A part.)

Madame... Juste ciel, dans ce dernier assaut,
Ne m'abandonnez pas! Quel courage il me faut!

MADAME DE MARBEL.

Souffrez que j'en appelle à votre conscience;
Un remords éternel en serait la vengeance!
Vous aurez hésité; quelque utile frayeur
Vous aura préservé d'une semblable horreur!

Mais vous ne dites rien... Tout ici vous accuse...

Ces apprêts, ce silence.... Ah! si je ne m'abuse,

Ce n'est pas sous mes yeux que vous l'auriez osé !

M. BLONDEL , avec dignité.

Il est vrai... de Lucy sans vous j'ai disposé,

Madame ; mais enfin ne suis-je pas son père?

Vous oubliez mes droits ; êtes-vous donc sa mère?

MADAME DE MARBEL.

Vous parlez de vos droits! Vraiment, il vous sied bien !

Et les miens donc, monsieur, les comptez-vous pour rien ?

Avez-vous oublié cette nuit déchirante

Où je la pris des bras de sa mère mourante,

De ma sœur, dont la voix, s'éteignant pour toujours,

M'ordonna de veiller au bonheur de ses jours?

Depuis ce coup fatal qui marqua sa naissance,

Qui donc, si ce n'est moi, prit soin de son enfance?

J'ai remplacé sa mère, et jusqu'à ce moment

Envers ma pauvre sœur j'ai tenu mon serment.

Oui, c'est ma fille aussi ; ne l'aurai-je élevée

Que pour qu'elle me soit à jamais enlevée?

M. BLONDEL.

Madame, épargnez-moi de semblables discours ;

Sur un fait accompli nous sommes sans recours ;

C'est m'affliger en vain ; ma parole est donnée,

Et vous vous devriez montrer plus résignée.
Sur moi, votre beau-frère, ici voudriez-vous
D'une maison puissante attirer le courroux?
Voudriez-vous causer la ruine commune
De mon honneur, mon nom, peut-être ma fortune?

MADAME DE MARBEL.

Est-il possible? Non, je ne le croyais pas...
J'arrive donc trop tard!... Je sens votre embarras,
Monsieur; mais pardonnez à ma douleur mortelle.

(Elle s'assied; M. Blondel se promène avec impatience.)

Et cette tendre enfant, Lucy, que pense-t-elle?
Car elle aimait Gustave. Ai-je pu m'y tromper?
Leur amour mutuel pouvait-il m'échapper?
Une femme, une mère a tant de clairvoyance?
   Et toi, Gustave aussi, dès ta plus tendre enfance,
Toi que j'avais bercé d'un si brillant espoir,
Que vas-tu devenir? Je crains de te revoir!
Ton père, au champ d'honneur terminant sa carrière,
Ne t'a laissé qu'un nom, son épée, et ta mère;
C'est ta seule fortune, hélas! Tout mon amour
Te consolera-t-il d'avoir reçu le jour?

M. BLONDEL.

Madame, calmez-vous; la douleur vous égare.
Connaissez mieux Gustave et son mérite rare...

MADAME DE MARBEL.

Son mérite! et quel est, monsieur, ce grand seigneur,
Ce prince, à qui mon fils vous semble inférieur?
Car il est noble aussi!

M. BLONDEL.

Comparer sa noblesse!
Pour le coup, c'est trop fort!

MADAME DE MARBEL.

Hé quoi, ce mot vous blesse!
Pourtant Gustave est noble! oui, d'hier, direz-vous?
Ne parlons pas de date; ah! monsieur, entre nous,
La noblesse de l'âme est la seule noblesse.
Votre fille avec lui n'eût pas été princesse,
C'est vrai; mais, pour avoir recherché cet honneur,
En êtes-vous plus sûr de faire son bonheur?
Quand on voit de quels maux la grandeur est suivie,
Est-ce donc de nos jours qu'elle peut faire envie?

M. BLONDEL, à part.

Dieu! quels propos bourgeois! cela fait mal au cœur!
Il faut lui pardonner, c'est l'effet du malheur
(Haut.)
De rétrécir l'esprit. Mais le prince, mon gendre,
Comment ne vient-il pas?

MADAME DE MARBEL.

Qui donc se fait attendre ?
Le prince, dites-vous ? mon fils aussi, grand Dieu !
Il devait sans retard me rejoindre en ce lieu !
Que n'est-il avec moi venu plaider sa cause ?
Connaîtrait-il déjà tout son malheur ?... Je n'ose
M'expliquer ce retard... Gustave est violent...
Chez le prince peut-être il est en ce moment.
Il l'aura provoqué !

M. BLONDEL.

Juste ciel !

MADAME DE MARBEL.

Mais que faire ?
S'ils se battaient !...

(Elle se lève vivement.)

(Un domestique annonce.)

Le prince.

MADAME DE MARBEL.

Ah ! malheureuse mère
Il a tué mon fils.

(Elle retombe évanouie dans son fauteuil.)

M. BLONDEL , à part.

Quel surcroît de tourment !

(Haut.)   (Au Prince qui entre.)

Qu'on appelle Lisette. Ah! mon prince, vraiment,
Vous vous êtes ici bien longtemps fait attendre!

SCÈNE IX.

LE PRINCE, M. BLONDEL, LISETTE, MADAME DE MARBEL, évanouie.

LE PRINCE.

Monsieur, excusez-moi, je ne saurais vous rendre
Combien je suis confus d'un semblable retard!

(A part.)

Va-t-il gronder aussi, faire comme Richard?
Et pourquoi me presser, s'il vous plaît, mon beau-père,
Sans votre serviteur puisqu'on ne peut rien faire?

(Il aperçoit madame de Marbel.)

O ciel!

M. BLONDEL.

Ne faites, prince, aucune attention ;
Ce n'est qu'une légère indisposition :
Une parente à moi... mais parente éloignée,
Qui se trouve souffrante : elle sera soignée.

(A Lisette.)

Lisette, accourez donc, et de ma belle-sœur

Prenez soin ; si bientôt son état est meilleur,
Vous la ferez sortir. Mettez-y de l'adresse ;
Qu'avec elle surtout son fiacre disparaisse !
  (Au Prince.)
Prince, je suis à vous. Ces dames vont venir ;
Je cours pour les chercher.

SCÈNE X.

LE PRINCE, LISETTE, auprès de madame de Marbel.

LE PRINCE, sur le devant de la scène.

                    Il faut en convenir,
Parbleu, c'est un sot jour qu'un jour de mariage !
Et que d'ennuis encore y vient joindre l'usage ?
Entendre à chaque pas un fade compliment,
Des poissardes chez soi voir un détachement !
Les suisses, les bedeaux, tous gens dont l'éloquence
En veut à votre bourse ! Ah ! quelle sotte engeance !
Ils se plaignent ici que j'arrive un peu tard :
Pour ce petit cousin si j'eusse eu plus d'égard,
J'aurais fait autrement attendre la famille !
Quelle mauvaise tête !

3.

SCÈNE XI.

MADAME DE VILLAFLOR, LUCY, M. BLONDEL,
LES PRÉCÉDENTS.

M. BLONDEL.

(Il donne le bras à sa fille ; ils sont suivis de madame de Villaflor qui prend
celui de son neveu.)

Allons, venez, ma fille ;
Votre époux nous attend ; rendons-nous à l'autel.

(Ils sortent par le fond du théâtre.)

SCÈNE XII.

LISETTE, MADAME DE MARBEL, toujours évanouie.

LISETTE.

Quel cœur sec que celui de ce monsieur Blondel !
Sa pauvre belle-sœur ! sans eux, mademoiselle
Eût pu l'apercevoir : certes, ce n'est pas elle
Qui l'eût quittée ainsi !

SCÈNE XIII.

GUSTAVE, LES PRÉCÉDENTS.

GUSTAVE, dans le fond du théâtre.

Pour moi, tout ici-bas

Est donc fini ? Lucy ne m'appartiendra pas !

(Il avance.)

Mais que vois-je ? ma mère ! elle est sans connaissance !

Pour elle il me faudra supporter l'existence !

(Il se jette à genoux auprès de sa mère.)

Oui, je vivrai, ma mère. Ah ! revenez à vous,

Ouvrez les yeux ! C'est moi, je suis à vos genoux.

Elle ne m'entend pas, sa pâleur est mortelle !

Grand Dieu, rends-lui la vie, ou je meurs avec elle !

LISETTE.

Monsieur, remettez-vous ; ce n'est rien... Votre effroi

Peut aggraver son mal.

MADAME DE MARBEL.

Mon fils, est-ce bien toi ?

Et tu n'es pas blessé, tu vis ? Hélas ! sans doute

C'est à regret ; voilà ce que mon cœur redoute.

GUSTAVE.

Ma mère, je vous prie, oubliez mon malheur ;

Votre chagrin ne peut qu'accroître ma douleur.

Oui, je vivrai pour vous désormais sans partage.

Vous ne souhaitiez pas un si triste avantage ;

Votre cœur maternel n'eût pas été jaloux

D'un être que le ciel avait formé sur vous,

A qui jusqu'à ce jour votre appui tutélaire

Avait donné l'espoir de vous nommer sa mère?

MADAME DE MARBEL.

A doubler nos regrets sois moins ingénieux,
Gustave!

GUSTAVE.

De ces maux, oui, détournons les yeux.
Vous étiez seule aussi; loin de vous, de la France,
Mon père avait péri, lorsque de mon enfance
Vous prîtes tant de soins... Pourrais-je l'oublier?
Non, à vous désormais je me dois tout entier;
Sans vous, j'allais mourir indigne de mon père.
Puis-je quitter ce monde, où me reste une mère?
Cet instant a doublé le prix de votre amour:
Une seconde fois je vous ai dû le jour.

MADAME DE MARBEL.

Non, tu ne mourras pas; faisons tête à l'orage,
Mon fils; crois-moi, pour vivre il faut plus de courage.
M'abandonner ainsi dans le fort du malheur,
Ce serait déserter le poste de l'honneur!

GUSTAVE.

Mais quoi! je les entends; c'est leur bruyante suite.
Ma mère, à leurs regards échappons par la fuite;
Je ne pourrais souffrir leur vue en ce moment!

LISETTE.

L'escalier dérobé de cet appartement
Peut vous servir d'issue, et, loin qu'on le soupçonne,
Il vous préservera de rencontrer personne.

(Ils sortent par la porte à gauche; on aperçoit dans le fond du théâtre
Lucy donnant le bras au prince et détournant la tête du côté de son père,
madame de Villaflor, une suite nombreuse. La toile tombe.)

ACTE II.

LE BAL.

Tout est disposé pour une fête ; les portes du fond du théâtre sont ouvertes.
On découvre une belle galerie richement éclairée ; des gens en livrée la
traversent en tout sens, achevant les préparatifs du bal.

SCÈNE PREMIÈRE.

M. BLONDEL, seul.

La crise est donc passée ; on triomphe de tout.
Dites-moi maintenant qu'on ne vient pas à bout
De tous ces sentiments que l'enfance a vus naître !
Une mère, à ma place, aurait faibli peut-être !
Du courage, grand Dieu, que vous m'avez prêté,
Je vous dois rendre grâce ; à peine, en vérité,
M'en croyais-je capable ! Allons, voilà ma fille
Heureuse pour toujours ! L'espoir de ma famille
Était là ! Mais aussi comme elle a dû souffrir !
Vingt fois en l'observant j'ai failli m'attendrir !

Enfin, n'en parlons plus. La voilà donc princesse !
Princesse du bon coin, de la bonne noblesse !
Je n'aurais pas formé de semblables liens
Pour un de ces petits princes italiens
Si communs, que chez eux *cracher par la fenêtre,*
C'est cracher sur un prince. Il faut le reconnaître,
Mon gendre est autre chose, il est prince français.
Pour moi ce mariage est un brillant succès ;
Car me voilà, du coup, entré dans l'alliance
De tout ce qui s'attache aux grands noms de la France.
C'est beau d'avoir pour gendre un prince ! Mais, hélas !
A voir des grands seigneurs on ne le devient pas ;
Je resterai Blondel, et ce noble entourage
Me fera de mon nom rougir bien davantage.

SCÈNE II.

M. BLONDEL, LE PRINCE.

LE PRINCE.

Quoi ! déjà prêt, monsieur ?

M. BLONDEL.

                    Oui, prince. Eh bien, comment
Vous êtes-vous trouvé de mon appartement ?

LE PRINCE.

Monsieur, je suis confus de tant de complaisance,
Et l'expression manque à ma reconnaissance.

M. BLONDEL.

Taisez-vous donc, mon gendre... A propos, c'est ce soir
Que nous allons avoir du monde à recevoir;
Nous aurons tout Paris... du moins sa quintessence.
Ma foi, que voulez-vous? une belle alliance
Est une belle chose... oh! l'honneur est si grand,
Que du prince chacun veut être le parent.

LE PRINCE.

Ma famille, il est vrai, monsieur, est fort nombreuse,
Et de mon mariage elle s'estime heureuse;
Aussi chacun veut-il de ses yeux venir voir
Tout ce qu'un si beau jour pour moi contient d'espoir!

M. BLONDEL.

Ah! la réunion du moins sera choisie;
Vous l'avez composée à votre fantaisie.

LE PRINCE.

Si personne, d'ailleurs, ne se trouve invité,
Nous n'aurons, je le crois, que *la société.*

M. BLONDEL.

Que la société! C'est ça, pas de mélange;
Il faut vivre entre nous. C'est une chose étrange

Comme on est assailli d'inconnus, d'intrigants !

Oh ! je ne hais rien tant que les petites gens !

Le monde est aujourd'hui dans un désordre extrème ;

Mais je serai chez moi la sévérité même.

Ma fille est fille unique, et, pour mainte raison,

A tout collatéral je ferme ma maison.

Notre position, prince, est fort délicate ;

On a tant de parents quand la parenté flatte !

J'en sais que je voudrais n'avoir jamais reçus.

Mais ma fille est à vous : je ne les connais plus.

LE PRINCE.

Monsieur, c'est adopter le parti le plus sage.

Le monde, ainsi que l'or, ne veut point d'alliage ;

Et si vous y perdez des cousins, des neveux,

Les nôtres pourront bien vous dédommager d'eux.

M. BLONDEL.

Mon prince, encore un mot avant que l'on ne vienne.

Au comble de mes vœux qu'en ce jour je parvienne !

Vous me dites toujours : *Monsieur*. Ah ! qu'à bon droit

Pour mon cœur paternel ce mot semble donc froid !

Ne m'entendrai-je pas appeler votre père ?

LE PRINCE.

Mon père ? ah ! volontiers.

(M. Blondel lui saute au cou.)

(A part.)

Il faut le satisfaire...

Que la peste l'étouffe avec sa vanité!

M. BLONDEL.

Me voilà donc enfin de *la société!*

SCÈNE III.

LUCY, en toilette de bal; LES PRÉCÉDENTS.

M. BLONDEL, à sa fille.

Embrassons-nous aussi, car ma joie est complète.
Princesse, quel beau jour!

(Après l'avoir observée.)

Comment! votre toilette

Est charmante! C'est bien; je vois avec plaisir
Que vous l'avez soignée.

LE PRINCE.

Elle sied à ravir

A madame.

LUCY.

Mon père! ah! je me sens bien lasse...

(Au prince.)

Monsieur, puis-je de vous obtenir une grâce?
C'est, je crois, la première. Ai-je droit de compter

Qu'à ce titre du moins vous voudrez l'accorder?

LE PRINCE.

Madame!

LUCY.

N'allez pas exiger que je danse,
Monsieur, je n'en ai pas la force, en conscience.

LE PRINCE.

Exiger! ah! madame, en avez-vous douté?
Si c'est votre désir, il sera respecté.

M. BLONDEL.

Si le prince y consent, eh bien, à la bonne heure!
Car des permissions, certes, c'est la meilleure.
C'est ça, ma chère enfant, ne danse pas! D'ailleurs,
De la fête c'est toi qui feras les honneurs.

LUCY, à part.

Quelle fête, grand Dieu!

(On annonce à haute voix.)

Madame la duchesse

De Villaflor.

SCÈNE IV.

MADAME DE VILLAFLOR, LES PRÉCÉDENTS.

MADAME DE VILLAFLOR.

Eh bien, faut-il que la vieillesse
Ouvre le bal? Du moins, ma ponctualité
Indique assez en moi la proche parenté.

(A Lucy.)

Êtes-vous bien ce soir, ma charmante princesse?

LUCY.

Ah! madame, je suis d'une extrême faiblesse.

MADAME DE VILLAFLOR.

Ah çà, monsieur Blondel, pendant que nous voici
En petit comité, que je vous dise ici....
C'est un conseil de goût qu'il faut que je vous donne...

M. BLONDEL.

La duchesse est chez elle; à son gré qu'elle ordonne!

MADAME DE VILLAFLOR.

Je vous en prie en grâce, oh! veuillez désormais
Ne pas faire crier les noms par vos valets;
C'est du plus mauvais genre : et qui pourrait se plaire
A s'entendre annoncer d'une voix de tonnerre?

M. BLONDEL, à part.

Surtout lorsque l'on porte un nom comme le mien,
Monsieur Blondel!

MADAME DE VILLAFLOR.

Encor, le ton ne serait rien
Si la plupart des gens, soit erreur, soit malice,
Estropiant les noms, n'en faisaient un supplice.
   Que je vous conte un peu la situation
Où s'est trouvé naguère, à cette occasion,
Un de mes bons amis; il est, il faut le dire,
Bègue au plus haut degré : l'entendre est un martyre.
Le malheur veut qu'avant d'entrer dàns un salon,
Un domestique un jour lui demande son nom ;
Il veut le décliner; mais, tandis qu'il commence :
Le marquis de Bé... Bé..., ma foi, d'impatience,
Le valet, dans son nom le laissant embourbé,
Annonce à haute voix : Le marquis de Bébé.

M. BLONDEL.

Madame la duchesse, oh ! l'histoire est parfaite !
Je veux que sur ce point vous soyez satisfaite.
   (A ses gens.)
Laissez dorénavant entrer sans annoncer.

MADAME DE VILLAFLOR.

Chez nous, d'ailleurs, est-il naturel de penser

Que sans être connu se présente personne?

Cette coutume-là, pour moi, je l'abandonne

Aux ministres, préfets, que sais-je? aux malheureux

Forcés de recevoir tout le monde chez eux.

M. BLONDEL.

De la mode, à mes yeux, la duchesse est l'oracle!

MADAME DE VILLAFLOR.

Mais, à propos de mode, un prodige, un miracle!

Un projet qui pour moi tient de l'enchantement!

Croiriez-vous que l'on parle, et sérieusement,

De reprendre la poudre? Oh! j'en serais ravie,

Moi qui ne l'ai quittée un instant de ma vie!

J'ai déjà traversé deux révolutions,

Toujours coiffée ainsi, malgré les factions;

Deux fois avec orgueil j'ai bravé la tempête,

Et la poudre a, je crois, fait respecter ma tête.

M. BLONDEL.

La duchesse a raison : oh! je le dis souvent,

La poudre sied très-bien...

MADAME DE VILLAFLOR, à Lucy.

Tenez, ma belle enfant,

La poudre vous rendrait cent fois encor plus belle.

LUCY, d'un air distrait.

Vous le croyez, madame?

MADAME DE VILLAFLOR.

Oui. Cela me rappelle

Mon début à la cour ; c'était...

M. BLONDEL , à part.

Nous y voilà.

MADAME DE VILLAFLOR.

C'était dans un souper...

SCÈNE V.

(L'orchestre, qui s'est établi pendant la scène précédente, commence à exé-
cuter *piano* des airs de contredanse ; le monde arrive successivement.)

MADAME DE VILLAFLOR , avec impatience.

Allons, ce récit-là

Je ne pourrai jamais l'achever à ma guise !

(M. Blondel va au-devant de chaque personne ; il fait de profonds saluts,
en disant à divers arrivants :)

Agréez mes respects, madame la marquise.

— Monsieur le duc, je suis votre humble serviteur.

— Monsieur, vous posséder est pour moi bien flatteur.

— Agréez de mes vœux l'expression sincère...

(Gustave reste longtemps près de lui sans pouvoir s'en faire remarquer.
M. Blondel lui dit enfin, d'un ton léger :)

Eh ! bonjour, mon ami ; madame votre mere,

4

Comment se trouve-t-elle? Elle va bien, ce soir?

(Sans attendre sa réponse, il se tourne vers une autre personne.)

Monsieur l'ambassadeur, trop heureux de vous voir!

GUSTAVE, sur le devant de la scène.

Comme il est fier depuis que sa fille est princesse!

Il ne me connaît plus. Quelle indigne faiblesse!

(Les quadrilles se forment; M. Blondel se mêle aux personnes qui arrivent;
bientôt sa fille, le prince, Gustave, disparaissent dans la foule. Tandis
que la galerie offre l'aspect d'une salle de bal, plusieurs personnes,
parmi lesquelles on remarque madame de Villaflor, se sont assises dans
le salon.)

MADAME DE VILLAFLOR, agitant son éventail.

Vraiment, lorsque je songe aux fêtes d'autrefois,

De pitié je souris à celles que je vois!

Ce n'est pas tant encor le luxe, la richesse,

Mais je ne sais quel air de bon goût, de noblesse,

Qui manque à ce temps-ci... La révolution

A tout marqué du sceau de sa proscription!

Notre toilette même y fut enveloppée...

On a fait réformer aux hommes leur épée,

A nous, la robe à queue. Aussi bien, maintenant,

On ne distingue plus un seigneur d'un manant.

Je formerais ici des plaintes moins amères,

Si l'élégance au moins restait dans les manières :

C'est peu qu'on vienne au bal en bottes, en col noir,

A peine nous dit-on ou bonjour ou bonsoir;

Aussi nous sommes là... faisant tapisserie!

Ah! ce n'est plus le temps de la galanterie!

M. BLONDEL, sortant de la galerie.

Madame la duchesse, est-il bien vrai? comment

Avez-vous pu rester dans cet isolement?

Excusez-moi du moins, car les honneurs à faire

M'imposaient un devoir à mes vœux bien contraire;

Vous le savez, pour moi les instants les plus doux,

Ce sont ceux que je puis passer auprès de vous.

MADAME DE VILLAFLOR.

Charmant! Si mon époux revenait à la vie,

Vous le feriez encor mourir de jalousie!

M. BLONDEL.

Madame la duchesse, allons, prenez mon bras;

De la foule tous deux fendant les embarras,

Nous laisserons ici le bruit et la poussière,

Et nous irons un peu respirer dans ma serre,

En dépit des frimas, les parfums du printemps;

Puis nous viendrons souper lorsqu'il en sera temps.

MADAME DE VILLAFLOR.

A vos désirs je suis toujours prête à me rendre...

Mais pour votre souper, je n'y saurais rien prendre...

A propos de souper, c'est bien l'occasion

4.

De reprendre le fil de ma narration...

Cette fois, je vous tiens; il vous faudra m'entendre.

J'ai gardé de ce temps un souvenir si tendre,

Que rien que d'en parler j'ai les larmes aux yeux.

Alors j'avais quinze ans!...

(Ils s'éloignent.)

SCÈNE VI.

GUSTAVE, M. DE LUCEVAL.

(La danse continue dans la galerie.)

M. DE LUCEVAL.

Vous, Gustave, en ces lieux!

A vous y rencontrer je ne m'attendais guère...

GUSTAVE.

Au charme qui m'entraîne ai-je pu me soustraire,

Luceval? Je l'aurais essayé vainement;

Le repos eût encore aggravé mon tourment.

Et que faire chez moi? Dormir? Oui, le pouvais-je?

De la foule du moins j'aurai le privilége

Ici; je la verrai, je serai sous ses yeux...

Une blessure à mort! Eh! ne vaut-il pas mieux

L'élargir quelquefois, pour respirer une heure?

De ce coup, tôt ou tard, il faut bien que je meure!

M. DE LUCEVAL.

Mon pauvre ami !

GUSTAVE.

D'ailleurs, mon âme était ici...
Qu'importe qu'un moment mon corps s'y traîne aussi ?

M. DE LUCEVAL.

Mais de votre présence en ces lieux imprévue,
Calculez-vous l'effet? Peut-être, à votre vue,
Votre cousine... ?

GUSTAVE.

Non, non, il me faut la voir,
Il me faut lui parler ; n'est-ce pas mon devoir?
Quand son cœur est brisé sous le coup qui l'accable,
D'un oubli plus longtemps paraîtrai-je coupable?
Lui laisserai-je croire, ayant connu son sort,
Que pour l'en préserver je n'ai fait nul effort?

M. DE LUCEVAL.

Son époux, il est vrai, n'ira pas l'en instruire !

GUSTAVE.

Tu l'as vu, Luceval; je répugne à le dire;
Quoi! c'est là l'héritier d'un si glorieux nom !
D'une famille illustre indigne rejeton,
C'est l'homme auquel il faut que l'on me sacrifie !
De Lucy c'est l'époux, le maître de sa vie!

Ah ! j'aurais dû prévoir de semblables malheurs !

Son père fut toujours l'esclave des grandeurs.

Ne l'avais-je pas vu, dans sa sotte faiblesse,

S'attacher constamment aux pas de la noblesse,

Délaisser ses parents, ses amis les meilleurs,

Pour aller se frotter à quelques grands seigneurs

Qui, de vils maltôtiers traitant toute sa classe,

En l'accueillant chez eux pensent lui faire grâce?

M. DE LUCEVAL.

Sur ses propres défauts a-t-on les yeux ouverts,

Gustave? Il n'est pas seul atteint de ce travers.

Les plus rudes leçons faites à la finance

Ont-elles pu jamais éclairer sa démence?

Non, il ne manque pas d'exemples éclatants :

La vanité, voilà le vice de ce temps!

(M. de Luceval s'assoit; la danse est suspendue dans la galerie; les musi-
ciens eux-mêmes se retirent. Gustave se promène en se livrant à toute la
violence de son désespoir.)

GUSTAVE.

Odieux préjugé ! c'est à lui qu'on m'immole ;

C'est mon bonheur qu'on brise aux pieds de leur idole,

La noblesse !... Et quel est ce don si haut vanté,

Ce privilége à part, bizarre qualité,

De certaines maisons exclusif avantage?

Oui, de quelle nature est donc cet héritage
Qu'on n'aliène pas ? cette noblesse enfin
Que le sang seul transmet, et qu'on voudrait en vain
Acquérir de nos jours, fût-ce au prix de sa vie ?
   Soyez braves, ayez servi votre patrie
Pendant trente ans ; ayez marqué de votre sang
Nos grands champs de bataille : en vain le premier rang
De vos nobles travaux sera la récompense ;
Vous aurez le bâton de maréchal de France ;
Tout couvert de lauriers, vous espérez en vain
De leur folle hauteur désarmer le dédain ;
Derrière vous tout bas vous les entèndrez dire :
Ça, noblesse d'hier, noblesse de l'Empire !
   Ce prince, tu l'as vu, quand il fait mon malheur,
De se battre avec moi me marchander l'honneur.
Je ne sais s'il attache un grand prix à la vie :
Mais de leurs préjugés je connais la folie ;
J'en sais de qui l'orgueil jamais ne pardonna
Au vainqueur d'Austerlitz, au César d'Iéna,
Et qui, croyant flétrir les lauriers d'un grand homme,
Disaient entre leurs dents : *Il n'est pas gentilhomme !*
Ah ! sans doute autrefois, messieurs les grands seigneurs,
Vous aviez su fermer la route des honneurs ;
Là les favoris seuls entraient en concurrence ;

On faisait à bon compte un maréchal de France
Lorsque vos sœurs fouillaient dans les poches du roi (1),
Et d'un prince soumis à leur honteuse loi
Obtenaient, pour le prix de leur double adultère,
La récompense due au brave militaire !
Mais, depuis qu'a manqué ce tour d'avancement,
Combien de maréchaux parmi vous, franchement ?

M. DE LUCEVAL.

Votre ressentiment, Gustave, vous emporte.
Rappeler un tel fait, ah ! c'est mal !

GUSTAVE.

Que m'importe ?

Pourquoi se montrent-ils si fiers de leurs aïeux ?
Je connais de ces noms dont ils sont orgueilleux,
Qui les couvrent autant d'opprobre que de gloire.
Quant à ceux qui sans tache ont brillé dans l'histoire,
Éteints depuis longtemps, revivront-ils toujours
Pour en voir maint pygmée affublé de nos jours ?
Du dernier des Condés l'exemple fut insigne :
Pour porter un grand nom, il en faut être digne (2)...

(1) A la veille d'une promotion de maréchaux de France, madame de Montespan prit dans la poche du roi Louis XIV, la liste sur laquelle elle fit ajouter le nom de son frère, le duc de Vivonne.

(2) Le dernier duc de Bourbon, à la mort de son père, déclara qu'il ne

Oui, je n'aurais pu voir sans vénération
Ces chevaliers, la fleur de notre nation,
Qui parmi leurs vassaux, sans morgue, sans vétille,
Vivaient moins en seigneurs qu'en pères de famille ;
Leur rendaient la justice, et pour venger leurs droits
Levaient leur étendard contre celui des rois,
Combattaient à leur tête, impatients du maître.
Ceux-là n'étaient pas fiers , mais ils auraient pu l'être ;
C'étaient de nobles cœurs, des cœurs indépendants !
Mais, dites, de quel droit vois-je leurs descendants
Lever si haut leur tête empreinte d'esclavage?
Depuis qu'ils ont au maître humblement fait hommage ;
Depuis qu'on les a vus, inondant ses palais,
Y vivre de ses dons, l'y servir en valets ;
Depuis que la noblesse, à l'intrigue livrée,
A peuplé l'antichambre, endossé la livrée ;
Combien en a-t-on vu, sur ce glissant chemin,
Se vendre pour de l'or, un titre, un parchemin ;
Y troquer sans pudeur ou leur sœur ou leur femme,
Pour l'ordre qu'a créé des rois le plus infàme ?
Oui, ministres, tyrans, ce put être un devoir
De niveler les fronts sous le joug du pouvoir ;

prendrait pas le titre de prince de Condé, ce nom rappelant des souvenirs
de gloire auxquels il se trouvait trop inférieur.

Mais vous avez flétri la noblesse française !

M. DE LUCEVAL.

Gustave, libre à vous d'en raisonner à l'aise ;
Mais le monde est bien vieux pour changer aujourd'hui !

GUSTAVE.

Que m'importe le monde ? Ah ! ce n'est pas pour lui
Que je parle ; mon âme a besoin de maudire ;
J'exhale le poison du trait qui me déchire.

M. DE LUCEVAL.

Mais les voici ; j'entends venir de ce côté.
Gustave, faisons place à leur folle gaieté.

GUSTAVE.

Oui, laissons-les ; allons nous perdre dans la foule...
Tandis qu'en vains plaisirs pour eux la nuit s'écoule,
Je trouverai peut-être un peu d'isolement
Pour parler à Lucy, la revoir un moment.

SCÈNE VII.

(On a quitté la salle du souper ; la foule rentre dans la galerie, dans le salon ;
les quadrilles se reforment ; le bal recommence. Madame de Villaflor re-
vient avec M. Blondel sur le devant de la scène.)

MADAME DE VILLAFLOR.

Après maint compliment, mainte galanterie
Débités sur le ton de la plaisanterie,

En sortant du souper, je ne sais trop comment

(Auprès de moi sans doute excès d'empressement),

Dans ma robe son pied par malheur s'embarrasse;

Il trébuche; un méchant de dire qu'il m'embrasse...

Toute la cour alors fixe les yeux sur moi;

Le bruit de bouche en bouche en parvient jusqu'au roi;

Mon époux, qui l'apprend, en pâlit de colère...

Pourtant je n'avais pas de reproche à me faire;

Je vous en prends pour juge...

(Madame de Villaflor, qui pendant ce récit fait de grands gestes, a quitté le bras de M. Blondel; celui-ci en a profité pour s'esquiver et se perdre dans la foule. Madame de Villaflor s'en aperçoit, et continue:)

Eh bien, mais c'est charmant!

Laisser là mon récit dans le plus beau moment!

(On danse le galop dans la galerie; quelques groupes viennent jusque dans le salon où se tient madame de Villaflor, et passent fort près d'elle. En les voyant elle s'écrie:)

Allons! les voilà bien encore avec leur danse,

Leur galop; de ce siècle il peint la décadence!

Dites-moi si jamais femme de qualité

Eût compromis jadis ainsi sa dignité,

Passant de main en main, livrant sans retenue

Les trésors de sa taille à la foule inconnue?

Ah! quelle différence avec le menuet!

Avant de s'aborder, comme on se saluait!

Comme on savait garder une noble distance !
Dans chaque mouvement se peignait la décence,
Et nos danseurs, en tout esclaves de ses lois,
Ne nous touchaient la main qu'avec le bout des doigts !
C'était là le bon temps, c'était le temps classique !
Habit, danse, aujourd'hui tout tient du romantique !

SCÈNE VIII.

LUCY, MADAME DE VILLAFLOR.

LUCY, sortant vivement de la foule.

(A part.)

Malheureuse ! quel sort m'attend donc désormais ?
Après m'avoir ravie à tout ce que j'aimais,
D'un tel homme a-t-on pu m'imposer l'alliance ?
Avide de mon or, honteux de ma naissance,
Ce sang qui chez Gustave excite son mépris,
Quand il l'accepte en moi, ce n'est donc qu'à ce prix !

MADAME DE VILLAFLOR.

Qu'avez-vous, chère nièce ?

(Lucy, au lieu de lui répondre, reste absorbée dans sa douleur.)

        Ah ! j'entends ce silence...
Mais fiez-vous à moi dans cette circonstance...
Le bal tire à sa fin ; venez, rentrons chez vous ;

Moi-même je vous dois remettre à votre époux.

(Elles se retirent dans l'appartement à droite.)

SCÈNE IX.

M. BLONDEL, seul.

Quel fâcheux incident! Ah! pour ce mariage
Je tremble que ce soit un funeste présage.
Ils se sont donc revus! Mais ce Gustave aussi
Aurait-on pu jamais penser qu'il vînt ici?
Non, jamais en ce jour marqué par sa disgrâce
Je n'aurais soupçonné qu'il montrât tant d'audace.
Mais, sans que sur ce fait j'aille élever la voix,
Faisons qu'ils se soient vus pour la dernière fois.

SCÈNE X.

LE PRINCE, M. BLONDEL.

LE PRINCE.

Qu'est-il donc arrivé?

M. BLONDEL.

Prince, c'est peu de chose...

(A part.)

Puisse-t-il à jamais en ignorer la cause!

(Haut.)

Chez ma fille ce bal, le bruit, le mouvement,
Sans doute aura causé de l'étourdissement...
N'en prenez nul souci; mais de cette soirée
Pour elle bien des fois j'ai maudit la durée !

LE PRINCE.

Aussi, que n'ai-je été près d'elle en ce moment !
Car j'aurais pu m'attendre à cet événement;
Elle m'avait semblé si faible et si souffrante !

(A part.)

Où donc étaient mes yeux? Mais c'est qu'elle est charmante !
Avec pareille dot, j'eusse épousé, d'honneur,
Une bossue, un monstre ! Ah! j'ai trop de bonheur!

(Pendant cette scène, le monde s'est peu à peu retiré, les gens ont fermé
les portes du fond du théâtre qui forment la communication entre la
galerie et le salon.)

SCÈNE XI.

LUCY, MADAME DE VILLAFLOR, LES PRÉCÉDENTS.

LE PRINCE, avançant un fauteuil.

Ah! madame, veuillez vous asseoir.

M. BLONDEL.

Mon amie,

Comment vous trouvez-vous?

LUCY, *se laissant tomber dans le fauteuil.*

Je suis anéantie!

M. BLONDEL, *bas.*

Du courage, Lucy! j'ai la conviction

Que le ciel bénira tant de soumission.

(Haut.)

Sur vous, prince, aujourd'hui tout mon espoir se fonde;

Je remets en vos mains tout ce que j'aime au monde.

Ma fille, je vous laisse auprès de votre époux.

MADAME DE VILLAFLOR.

Allons, monsieur Blondel, venez, retirons-nous.

SCÈNE XII.

LE PRINCE, LUCY.

(Le prince s'est mis à genoux auprès du fauteuil dans lequel sa femme est assise; il a pris sa main et va y porter ses lèvres au moment où M. Blondel et madame de Villaflor se retirent.)

LUCY, *retirant sa main et se levant avec vivacité.*

Laissez-moi; c'est, je pense, assez de sacrifice.

Ce jour touche à son terme, il est temps qu'il finisse!

LE PRINCE, *à part.*

Que dit-elle?

LUCY.

Oui, monsieur, je vais enfin parler :

A la voix du devoir j'ai bien pu m'immoler,
Plutôt que d'affliger, de voir mourir mon père ;
Devant sa volonté la mienne a pu se taire.
Ne vous y trompez pas, monsieur ; sachez enfin
Que c'est à cela seul que vous devez ma main.

LE PRINCE.

Madame !

LUCY.

Si le sort, fatal à ma naissance,
M'avait donné des sœurs, des frères, leur présence
Aurait pu me servir à conjurer mon sort ;
J'aurais pu me résoudre à la fuite, à la mort,
Sans avoir le chagrin d'abandonner mon père,
Le remords de penser qu'à son heure dernière
La main d'un étranger lui fermerait les yeux !
Et puis j'aurais été moins riche ; c'était mieux,
Oui, pour vous échapper c'était la route sûre.

LE PRINCE.

Ah ! madame, de grâce, un mot, je vous conjure,
Daignez m'entendre....

(Il veut lui prendre la main et se jeter à ses pieds.)

LUCY.

Non, laissez-moi ; levez-vous.

LE PRINCE.

Pourquoi me repousser? Je suis bien votre époux ;
Vous êtes bien à moi ; nulle erreur importune...

LUCY.

A vous, moi ? Non, monsieur ; vous avez ma fortune ;
Cet hôtel est à vous, il porte votre nom ;
Vous avez de vos gens rempli cette maison :
En quelle extrémité faut-il que je parvienne?
Malheureuse! n'est-il plus rien qui m'appartienne?

LE PRINCE.

(A part.)

Madame!... Quel supplice!

LUCY.

                    Et vous-même, monsieur,
Jamais, avant ce jour, m'avez-vous fait l'honneur
De me rien demander? Fidèle à votre rôle,
A peine daigniez-vous m'adresser la parole.
Quand on est prince, on plaît rien qu'à se présenter ;
Selon vous, rien ne doit, ne peut vous résister.
Aux dons capricieux qu'on tient de la naissance,
Pour ma part, je conteste une telle puissance ;
D'autres peuvent se prendre à l'éclat d'un grand nom,
Mon cœur ne connaît pas cette séduction !

                                        5

LE PRINCE.

Madame, pardonnez un tort involontaire,
Si je n'ai pas assez mis mes soins à vous plaire.

(A part.)

Combien j'en suis puni! Ah! malédiction!
Quoi! du roman après la bénédiction!

(Haut.)

Excusez-moi du moins; le temps...

LUCY.

Prince, au contraire,

N'espérez pas l'avoir pour votre auxiliaire;
Le temps bientôt, au lieu de me gagner à vous,
Je l'espère, exauçant de mes vœux le plus doux,
Saura vous épargner ma présence importune;
Bientôt vous jouirez en paix de ma fortune.
C'est tout ce qu'il vous faut de moi pour être heureux!

LE PRINCE.

Ah! madame! Lucy! que ce mot est affreux!
J'ai pu vous méconnaître, ayez quelque indulgence...

(A part.)

Aussi, que de fierté dans un cœur de finance!

(Haut.)

Oui, je vous rends justice, et vous trouve en ce jour
Digne de mon estime et de tout mon amour.

LUCY.

Vous daignez me trouver digne de vous? Peut-être
C'est beaucoup; mais, monsieur, croyez-vous me paraître
Digne de moi?

LE PRINCE.

Madame! enfin y pensez-vous?
Tant de rébellion excite mon courroux...
Craignez que je n'oppose à votre résistance
Votre père, les lois!

LUCY.

Ah! de la violence,
C'est vrai; c'est un moyen que j'aurais dû prévoir...
Ainsi vous me voulez réduire au désespoir!

LE PRINCE.

Qu'ai-je fait?

LUCY.

Oui, j'avais résolu de me taire;
Mais il n'est plus possible, et dans tout ce mystère
Vous allez pénétrer...

LE PRINCE.

Parlez donc, aussi bien
Je vais vous mettre à l'aise; et je n'ignore rien
De ce dont vous croyez me faire confidence;
Pour un petit cousin je sais votre indulgence;

5.

Votre père m'a dit qu'élevée avec lui...
De grâce, épargnez-nous ces aveux.

LUCY.

Eh bien ! oui ;

Ce Gustave que veut flétrir votre insolence,
Compagnon de ma vie, ami de mon enfance,
C'est l'homme de mon choix, c'est l'amant, c'est l'époux
Que m'avaient présenté mes rêves les plus doux ;
C'est à lui qu'appartient la moitié de moi-même,
Ce qu'une femme donne à celui seul qu'elle aime,
Mon âme, entendez-vous ? mon âme, elle est à lui ;
Cette donation ne dépend pas d'autrui...
Relisez mon contrat : les ordres de mon père
N'en ont pas disposé par les mains du notaire...

LE PRINCE.

Madame, arrêtez-vous ; que ce soit par pudeur,
Si ce n'est par égard ; c'est votre déshonneur
Que devant votre époux vous affichez sans honte.

LUCY.

Ah ! que sur votre front plutôt la rougeur monte !
Vous me parlez d'honneur, monsieur, écoutez-moi :
Ce Gustave qui m'aime et qui reçut ma foi,
Dans le bal tout à l'heure à l'écart il m'a vue,
Il m'a tout révélé, je sais votre entrevue !

LE PRINCE.

Juste ciel !

LUCY.

Ce matin il s'est rendu chez vous,
Chez vous qui n'étiez pas encore mon époux !
Son amour eût voulu m'épargner ce supplice ;
De sa vie il allait faire le sacrifice...
J'ignorais ses desseins ; peut-être en sa fureur
Je l'aurais arrêté ; j'aurais frémi d'horreur
Pour les maux que pouvait causer sa violence.
Mais de tous les malheurs je ne sais, quand j'y pense,
S'il en est un plus grand que vous appartenir !

LE PRINCE.

A mon rang son défi ne pouvait convenir,
Et j'ai dû rester sourd à des menaces vaines...

LUCY.

Qu'il est donc froid ce sang qui coule dans vos veines !
Car je connais Gustave ; en son transport jaloux
S'il n'a pu d'un rival exciter le courroux,
Votre vie à vos yeux est donc bien précieuse ?
Ou pour verser son sang votre humeur dédaigneuse
N'y trouvait-elle pas assez de qualité ?
Pour moi, je n'admets pas tant de subtilité ;
Puisque c'est le hasard qui donne la noblesse,

Quiconque s'en prévaut à mes yeux se rabaisse ;

De vos calculs d'orgueil reconnaissez l'erreur.

Prince, n'approchez pas, vous me faites horreur !

(Elle rentre dans son appartement.)

LE PRINCE.

On ne pardonne pas une semblable offense :

Gustave de Marbel, j'en tirerai vengeance !

ACTE III.

LE DUEL.

SCÈNE PREMIÈRE.

(La scène se passe à la pointe du jour ; le prince sort de son appartement
un bougeoir à la main ; il le pose sur la table à droite.)

LE PRINCE, seul.

Quelle nuit ! De regrets, de remords agité,
Qu'elle m'a semblé longue ! Ah ! je l'ai mérité !
  Voilà donc le bonheur, voilà cette chimère
Que nous poursuivons tous ? Quelle satire amère
De tout ce que le monde appelle le bonheur !
Il va donc aujourd'hui m'en coûter mon honneur,
Peut-être bien la vie ! et, dans cette famille,
Quel chagrin pour ce père orgueilleux de sa fille,
Qui m'avait confié l'espoir de ses vieux jours !
Grâce à moi, leur repos est troublé pour toujours !
  Vous tous, que des grandeurs le spectacle importune,

Venez voir leur néant : ces biens, cette fortune

Que j'ai tant désirés, ils sont à moi; combien

J'en jouis maintenant! Cet hôtel, c'est le mien;

Mon nom qu'il porte, tout dit que j'en suis le maître;

J'en prends possession; oui, mais moi seul peut-être

Je n'y puis pas dormir... Et là, si près de moi,

Celle qui m'est unie en vertu de la loi,

Cette femme si jeune, et si pure, et si belle,

Que j'adore! jamais ne m'appartiendra-t-elle?

Lucy, trésor divin qu'un rival a surpris,

Dont cette nuit, trop tard, me révèle le prix;

Trésor que je voudrais racheter à cette heure

Par tous ceux que me peut garder cette demeure;

Quand pour moi le repos est perdu pour toujours,

Quand je touche peut-être au terme de mes jours, '

Vous dormez! Ah! du moins, si vous pouviez connaître

Tout ce que mon cœur souffre en vous perdant... peut-être

Daigneriez-vous me plaindre au lieu de me haïr!...

Mais Richard tarde bien... qui peut le retenir?

Ah! le voici, je crois...

SCÈNE II.

LE PRINCE, RICHARD.

LE PRINCE.

Eh bien, Richard, ma lettre?

RICHARD.

A monsieur de Marbel je viens de la remettre.

LE PRINCE.

A lui-même?

RICHARD.

Oui, mon prince.

LE PRINCE.

Et qu'a-t-il répondu?

RICHARD.

A vos désirs bientôt vous le verrez rendu.

LE PRINCE.

Et semblait-il ému?

RICHARD.

De quoi?

LE PRINCE.

Peut-on le taire?

RICHARD.

Encor?

LE PRINCE.

De ce duel...

RICHARD.

Lui! c'est un militaire...

LE PRINCE.

Il est vrai. Ah! Richard, toi, mon frère de lait,
En qui je vois plutôt un ami qu'un valet,
Élevé près de moi dès la plus tendre enfance,
Tu me connais, tu sais tout ce que mon cœur pense;
Devant toi je n'ai pas la honte de rougir.

RICHARD, à part.

C'est plus commode!

LE PRINCE.

Tiens, l'orgueil m'a fait agir
Contre ma conscience; oui, cette lettre écrite
Pour venger un dédain dont ma fierté s'irrite...
Je la regrette.

RICHARD.

Non, ne parlez pas ainsi.
L'honneur de la princesse est compromis ici :
Ne me l'avez-vous pas vous-même fait entendre?
C'est à vous qu'appartient le droit de la défendre,
Prince; n'êtes-vous pas son soutien, son époux?
A de pareils devoirs vous refuserez-vous?

N'allez pas regretter l'action la meilleure
Dont j'aie encore été témoin...

LE PRINCE.

A la bonne heure !
Sans doute mes devoirs m'imposaient cette loi...
Mais quel trouble imprévu vient s'emparer de moi ?
Je me sens mal à l'aise...

(Il se jette dans un fauteuil.)

RICHARD.

Ah ! le ciel vous confonde !
Prince, si votre père était encore au monde,
Dans un pareil moment s'il vous eût entendu...

LE PRINCE, se levant.

Richard, n'achève pas. Hé quoi ! t'y méprends-tu ?
Ne puis-je ici gémir sous le poids qui m'oppresse ?
Cet aveu qui te fait m'accuser de faiblesse
Part de ma conscience et non pas de mon cœur ;
Quand on est *sans reproche*, on est toujours *sans peur* ;
Ces deux mots, qui d'un trait peignirent le modèle
Des chevaliers français, nulle force mortelle
(Je l'éprouve en ce jour) ne peut les désunir...
Ce cri que devant toi je n'ai pu contenir,
Ce remords qu'en ton sein verse ma conscience,
A de pareils soupçons peut-il donner naissance ?

Ne t'ai-je pas assez, dans maint pas périlleux,
Prouvé si sur l'honneur ton maître est chatouilleux?
Mais il est un secret que je ne puis plus taire...
Tandis que s'immolant aux ordres de son père,
Tandis que pour servir un orgueil inhumain,
Lucy se préparait à recevoir ma main,
Ce Gustave, qu'appelle aujourd'hui ma vengeance,
Il m'est venu trouver hier en ton absence;
De l'amour le plus pur trahissant le secret,
Ce duel que j'attends, lui-même il me l'offrait!
Et moi j'ai refusé; menace ni prière,
Rien ne m'eût détaché d'une telle héritière.
Maître de tous ses biens, une coupable erreur
Me faisait insulter au maître de son cœur;
En vain à mes remords j'imposerais silence,
On n'agit qu'en tremblant contre sa conscience...
    Mais l'heure approche, il faut songer à ce duel;
Tiens-moi prête une épée... Oui, monsieur de Marbel
Ne saurait refuser l'arme d'un militaire...

RICHARD.

Prince, n'avez-vous pas celle de votre père?

LE PRINCE.

Mon pauvre père! Eh bien! soit, je m'en servirai...
Va donc me la chercher; quand je la reverrai,

Son noble souvenir me rendra mon courage...

(Richard entre dans l'appartement de son maître, et en sort presque aussi tôt avec une épée qu'il lui remet. Le prince tire l'épée du fourreau, et continue :)

Nous n'avions pas vingt ans ; nous avions le même âge
Quand mon père mourut, Richard. Du haut des cieux,
Qu'il daigne sur son fils jeter ici les yeux ;
Qu'il ne refuse pas à mon humble prière
Le secours dont mon âme a besoin ; non, j'espère,
Plutôt je sens déjà que son ombre m'entend.
De ton maître, Richard, va, tu seras content ;
Ma confiance ici n'a pas été trompée,
Car l'âme des héros passe dans leur épée !
Puisse ce jour laver tous mes torts à tes yeux,
Et que je meure au moins digne de mes aïeux.
Mais qu'entends-je ? Quelqu'un de ce côté s'avance...

(Il montre la porte de l'appartement de la princesse.)

C'est ma femme !

(Il éteint la bougie.)

Richard, sur ta tête, silence !

SCÈNE III.

LUCY, LE PRINCE, RICHARD.

(Cette scène se passe dans l'obscurité. Lucy sort de son appartement, ses
cheveux et ses vêtements en désordre ; le prince et Richard se sont re-
tirés dans l'embrasure de la fenêtre placée à côté de la porte de l'appartement du prince ; celui-ci tient toujours son épée nue à la main.)

LUCY.

Personne !... est-il bien vrai ? ni lumière... Pourtant

Ce n'est pas une erreur... ici même... à l'instant

J'entendais une voix... Serait-ce donc un rêve ? .

Quelle heure est-il ? Personne encore ne se lève ?...

Que cette nuit est longue à s'écouler ! Le jour

Calmerait mes frayeurs, mais je crains son retour !

Je n'ai pu conjurer ma triste destinée !

Hier au sacrifice, humblement résignée,

Je m'immolais... Pourquoi le ciel a-t-il permis

Qu'en mon cœur jusqu'alors à ses ordres soumis

Gustave ait de l'amour réveillé la puissance ?

Sa vue a triomphé de mon obéissance

Lorsqu'il n'était plus temps, lorsqu'un fatal devoir

De tout mon avenir avait brisé l'espoir.

Ah ! puisse cette nuit dans une ombre éternelle

Ensevelir ma honte et mes pleurs ! puisse-t-elle

Me soustraire à jamais aux regards d'un époux
Dont ma révolte a dû soulever le courroux !
Il me semble déjà l'entendre en sa vengeance
Me reprocher d'avoir trompé sa confiance,
D'avoir pu prononcer devant Dieu, devant lui,
Ce mot fatal, ce mot qui lie à jamais : *Oui.*
Où fuir pour éviter le jour qui va paraître ?

LE PRINCE, à part.

Quelle femme ! A ce point l'ai-je pu méconnaître ?
Non, je vole à ses pieds...

(Il remet son épée à Richard.

(Haut.)

Lucy !

LUCY.

Quelqu'un ici ?

Qui m'appelle ? C'est lui, c'est Gustave !

SCÈNE IV.

GUSTAVE, LES PRÉCÉDENTS.

(Au moment où Lucy prononce le nom de Gustave, celui-ci, qui se rend
au cartel que lui a envoyé le prince, entre par le fond du théâtre, et
rencontre la princesse qui, dans l'obscurité, s'est dirigée de ce côté ; ils
se jettent dans les bras l'un de l'autre. L'obscurité continue à régner
pendant la première partie de cette scène.)

GUSTAVE.

Lucy !

LE PRINCE, bas.

Encore cette fois elle m'est échappée !
Et toujours pour cet homme ! Ah ! Richard ! mon épée !

(Il cherche à la lui arracher.)

Rends-moi-la donc, Richard ; laisse-moi me venger,
Dans leurs perfides cœurs laisse-moi la plonger.
Mon épée ! ah ! je brûle !

RICHARD, bas.

Au nom de votre père,
Mon prince, au nom du ciel, calmez votre colère.

LUCY, s'arrachant vivement des bras de Gustave.

Laissez-moi. Se peut-il ? vous, Gustave, en ces lieux !
A cette heure, caché ! Ce rôle est odieux !

GUSTAVE.

Lucy, ce jugement peut être téméraire !

LUCY.

Avez-vous pu ternir un si beau caractère ?
Pour vous j'ai méconnu les droits de mon époux ,
Mais en être témoin est indigne de vous.

GUSTAVE.

Vous vous armez en vain d'une fausse apparence,
Et voulez de mes torts couvrir votre inconstance ;
Pour moi , je crois encor mériter votre amour,
Car je ne change pas comme vous en un jour !

LUCY.

C'est lutter trop longtemps contre la destinée ,
Gustave ; renoncez à cette infortunée !
Qu'une autre quelque jour, exauçant tous mes vœux ,
Vous fasse, loin de moi, trouver des jours heureux ;
Qu'une autre, plus que moi digne de votre hommage,
D'un triste souvenir vienne effacer l'image ;
Entre nous désormais tout doit être fini ;
De vous je ne dois plus souhaiter que l'oubli !

GUSTAVE.

Vous regrettez la foi que vous m'avez donnée ?
Voilà ce que produit la coupe empoisonnée.
L'orgueil a donc aussi pénétré dans ce cœur !
Les ténèbres du moins m'épargneront l'horreur
De voir ce front si pur rougir de ma détresse.

6

C'est bien. Adieu, Lucy; plutôt adieu, princesse !
Elle ne m'aimait pas! l'ai-je donc vu si tard !

LUCY.

Dans mon cœur est-ce à vous d'enfoncer le poignard ?
Cruel, faut-il encor souffrir votre injustice ?
Ce surcroît de douleur manquait à mon supplice !
Je me débats en vain sous le poids du devoir,
Je ne m'appartiens plus, Gustave !

GUSTAVE.

              Quel pouvoir
M'a donc pu malgré vous ravir ce cœur qui m'aime ?
Ne vous étiez-vous pas donnée à moi vous-même ?
Vous alléguez en vain un serment odieux ;
Ce serment fut contraint; il n'est rien à mes yeux.
De Dieu, de ses autels le sacré caractère
A vos premiers serments ne saurait vous soustraire ;
Où donc et quand d'ailleurs avez-vous prétendu
Me prêter un serment que Dieu n'ait entendu ?
Allons, de cet hôtel il est temps que je sorte ;
Depuis que certain nom est gravé sur sa porte,
J'en reconnais trop tard la triste vérité,
C'est un séjour d'orgueil, d'insensibilité.
Je saurai de l'oubli sur vous prendre modèle :
Oui, quelque autre bientôt, moins riche, plus fidèle,

Possédera ce cœur qui n'est pas fait pour vous...

LUCY.

Gustave, au nom du ciel j'embrasse tes genoux !

GUSTAVE.

Non , rien...

LUCY.

Gustave !

GUSTAVE.

Moi, vous écouter encore !
Princesse, il est trop tard !

LUCY.

Gustave, je t'adore !
Je te jure !

GUSTAVE.

Serments désormais superflus !
A de pareils appâts je ne me prendrai plus.

LUCY.

Je t'aime...

GUSTAVE.

Vous m'aimez? C'est assez me le dire;
Prouvez-le donc enfin.

LUCY.

Parle, à tes pieds j'expire !

6.

GUSTAVE.

Il faut me suivre; il faut quitter cette maison....

LUCY.

Gustave, y songez-vous?

GUSTAVE.

Alors j'avais raison,
Vous ne m'aimez donc pas?

LUCY.

Mais mes devoirs, mon père!

GUSTAVE.

Vous ne m'aimez donc pas?

LUCY.

Grand Dieu! que dois-je faire?

GUSTAVE.

Non, vous ne m'aimez pas...

LUCY.

Eh bien! je suis à toi,
A la vie, à la mort : corps, âme, tout, prends-moi;
Crime ou non, c'est égal; qu'importe à mon délire!

(Elle se jette dans les bras de Gustave.)

Tiens, Gustave, du moins je n'entendrai plus dire
Que je ne t'aime pas...

LE PRINCE, haut.

Arrêtez! à mon tour.

(A Richard.)

Ouvre cette fenêtre; enfin voici le jour.

(Le jour éclaire cette scène; le prince s'avance l'épée à la main vers Gustave
et Lucy; celle-ci s'évanouit.)

Me reconnaissez-vous, monsieur? et vous, madame?

GUSTAVE.

Vous, l'épée à la main, menaçant une femme,

Un homme désarmé? Certes, prince, à ces traits

Sans l'éclat du grand jour je vous reconnaîtrais.

LE PRINCE.

Laissons là cette femme.

SCÈNE V.

LISETTE, LES PRÉCÉDENTS.

(Lisette et une autre femme au service de Lucy l'emportent évanouie dans
son appartement. Richard se retire. Le prince et Gustave restent seuls.)

LE PRINCE.

                    Ah! vous comblez l'outrage!

J'ai peine à contenir une trop juste rage!

Insolent, quand mon bras vient d'épargner vos jours!

GUSTAVE.

De générosité vous parez vos discours,

Vous qui m'avez ôté déjà plus que la vie!

Frappez donc, contentez une jalouse envie.

Vous devoir l'existence! ah! pour moi désormais

Elle ne peut valoir ce que je la paierais.

Quand vous l'avez rendue à jamais malheureuse,

Prouvez, en me l'ôtant, quelque humeur généreuse.

Cette arme a-t-elle donc horreur du sang humain?

Craignez-vous de la voir casser dans votre main?

Frappez, prince, frappez là, la place est mortelle.

Ne sommes-nous pas seuls? L'occasion est belle!

LE PRINCE.

J'aime à voir à quel point dans votre passion

Vous oserez braver mon indignation!

(Il jette son épée à terre.)

Je n'assassine pas, vous n'avez rien à craindre.

Mais qui donc de nous deux a le droit de se plaindre?

Vous enleviez ma femme! à ce ton courroucé

Ne semblerait-il pas que c'est vous l'offensé!

Ah! rendez grâce au ciel, qui, malgré cet outrage,

M'a fait de mon sang-froid conserver l'avantage!

GUSTAVE.

Si le monde et ses lois, dont vous vous faites fort

Laissent peser sur moi l'apparence d'un tort,

Il est au-dessus d'eux un tribunal suprême

Où peut-être bientôt, comparaissant vous-même,

Vous verrez de nos droits lequel fut le meilleur,

Lequel fut de nous deux ici le ravisseur.

LE PRINCE.

Avant d'aller régler ce compte en l'autre monde,
A nous deux, s'il vous plaît! venez que je confonde
Votre présomption; il me faut à l'instant
La réparation que mon honneur attend.

GUSTAVE.

De réparation, je ne puis reconnaître
Vous en devoir, monsieur; n'étiez-vous pas le maître,
Lorsque je vous l'offrais, d'accepter le combat?

LE PRINCE.

De grâce, le temps presse; abrégeons ce débat.
Ce secret désormais c'est l'honneur de ma femme,
C'est le mien; il vous faut avec lui rendre l'âme,
Ou lui joindre ma vie.

GUSTAVE.

                    Oui; mais oubliez-vous
Ce dédain dont hier vous payiez mon courroux,
Ce refus de vous battre?

LE PRINCE.

                    Ah! c'était autre chose;
Hier, j'eus des motifs.

GUSTAVE.

                    J'en cherche en vain la cause;
Monsieur, êtes-vous donc moins noble ce matin?

LE PRINCE.

Avant que de Lucy j'eusse obtenu la main,
A vous la disputer j'aurais semblé descendre.

GUSTAVE.

Descendre ! avez-vous dit ? Eh bien, je saurai prendre
Ma revanche ; que tout soit égal entre nous :
Je refuse à mon tour de me battre avec vous.

LE PRINCE.

Vous vous battrez ! Ma foi fut par vous outragée ,
Vous m'en rendrez raison ; elle sera vengée !

GUSTAVE.

Je m'y refuse.

LE PRINCE.

Mais vous ne le pouvez pas !

GUSTAVE.

Je le puis, et le prouve.

LE PRINCE.

A-t-on le cœur si bas !

GUSTAVE.

Vous n'êtes pas mon juge.

LE PRINCE.

Ah ! craignez ma colère !

Si vous ne voulez pas enfin me satisfaire ,
Je vais sonner mes gens (vous êtes sans pudeur) :

Je vous ferai chasser comme un vil séducteur;
J'irai chercher Lucy pour vous voir!

GUSTAVE.

Non, vengeance!

C'en est trop!

(Ils sortent par la porte de l'appartement du prince, qui suit Gustave,
après avoir ramassé son épée.)

SCÈNE VI.

LISETTE seule.

(Elle sort de l'appartement de la princesse.)

Où vont-ils, grand Dieu? Plus d'espérance!
Voilà, voilà les maux qu'on aurait dû prévoir!
Je les avais prédits; j'ai rempli mon devoir.

SCÈNE VII.

RICHARD, LISETTE.

LISETTE.

Ah! que se passe-t-il? Richard, quelle nouvelle?

RICHARD.

Je ne sais rien encor. Pour vider leur querelle,
Le prince me renvoie attendre dans ces lieux;

Mais, au ressentiment qui brillait dans leurs yeux,
Il n'est pas de malheur que nous ne puissions craindre ;
Ce n'est que dans le sang qu'un tel feu peut s'éteindre.

LISETTE.

Un noir pressentiment me fait battre le cœur !

(Elle se tourne vers le fond du théâtre, où on aperçoit Gustave soutenu
par son ami M. de Luceval ; il a quitté son habit ; une légère tache de
sang à son linge se remarque sur sa poitrine.)

Dieu ! Gustave blessé !

RICHARD.

Mon maître est donc vainqueur !

(Il sort.)

LISETTE.

Pour ma maîtresse, hélas ! quelle peine mortelle !
Puisse-t-elle à jamais l'ignorer ! puisse-t-elle
Ne jamais recouvrer l'usage de ses sens !

(Elle sort par la porte à droite.)

SCÈNE VIII.

GUSTAVE, M. DE LUCEVAL.

GUSTAVE.

Soutiens-moi, mon ami ; soutiens-moi, je le sens,
Non, je n'ai pas longtemps à vivre...

M. DE LUCEVAL.

Quand j'y pense,

Gustave, se peut-il que, dans votre vengeance,

De défendre vos jours vous n'ayez pas pris soin?

Jamais de ce duel je n'eusse été témoin,

Si j'avais pu m'attendre à pareille folie.

GUSTAVE , lentement.

Ami, pas de reproche! ah! je vous en supplie,

Pas de reproche! et puis, c'est trop tard : seulement,

Laissez-moi dans ces lieux respirer un moment;

(Il s'assoit.)

Et je me traînerai, si je puis, chez ma mère.

Il me semble déjà voir sa douleur amère ;

Elle dont tout à l'heure encore le sommeil

Était si calme! Hélas! pour elle quel réveil!

M. DE LUCEVAL.

Cher Gustave!

GUSTAVE.

Et Lucy, qu'est-elle devenue?

Quand je meurs, à la vie est-elle revenue?

SCÈNE IX.

LUCY, LES PRÉCÉDENTS.

LUCY.

(Elle sort vivement de son appartement.)

Où sont-ils? Laissez-moi, que j'arrête leurs bras!

(Elle aperçoit Gustave.)

Grands dieux ! il n'est plus temps ; je ne me trompais pas ;
A de moindres malheurs je n'ai pas dû m'attendre ;
Gustave n'a pas eu le temps de se défendre,
Car il nous guettait là, le traître, l'assassin !
Sa vengeance m'a-t-elle épargnée à dessein ?

(Gustave, en apercevant Lucy, a mis son bras devant ses yeux.)

Mais il ne répond pas. Vous gardez le silence ;
Parlez enfin, monsieur, parlez ; car l'ignorance
Dans cette incertitude est pire que la mort...
Sachez que désormais je partage son sort.
Partons ; même au tombeau je suis prête à le suivre,
Mais ne me tuez pas si lui doit encor vivre.

M. DE LUCEVAL.

Je voudrais bien ne pas vous ravir tout espoir,
Mais je remplis, madame, un douloureux devoir ;
Je le vois à regret, vous l'ignorez encore,

C'est le prince lui seul qui, devançant l'aurore,

A Gustave en ces lieux fit donner rendez-vous.

Votre rencontre, hélas! augmenta son courroux. .

Mais à la vérité nous devons cet hommage :

Après que noblement il eut souffert l'outrage,

Noblement il voulut en laver son honneur,

Et, Gustave avec vous renonçant au bonheur,

Le désespoir a seul guidé dans sa vengeance

Un bras insouciant de sa propre défense.

LUCY.

(Elle se jette à genoux près de Gustave.)

Gustave, il est donc vrai, tu vas mourir! Hé quoi,

Mourir si jeune! Encor, c'est cet hymen, c'est moi

Qui te donne la mort! Ah! Gustave, mon frère,

Mon ami, si jamais cette voix te fut chère,

Regarde, dans mes bras tu ne saurais mourir ;

C'est impossible, non, Dieu ne peut le souffrir!

GUSTAVE.

Quand le froid de la mort de mes lèvres approche,

Lucy, ne craignez pas qu'il en sorte un reproche.

LUCY.

Gustave! hier aussi je ne te voyais pas,

Je ne t'entendais pas ; je n'entendais, hélas!

Que la voix du devoir, que la voix de mon père.

Sans cesse m'adressant un reproche sévère,

Il peignait à mes yeux sa vieillesse, son sort;

Mon refus, disait-il, allait causer sa mort.

Ah! que n'étais-tu là? forte de ta présence,

J'aurais peut-être osé la désobéissance.

GUSTAVE, lentement.

Lucy, pardonnez-moi. Que je souffre, grand Dieu!

A ma mère il faut bien que j'aille dire adieu.

Adieu! quel mot cruel dit d'un fils à sa mère!

A ce devoir sacré je ne puis me soustraire;

Il faut que je vous quitte!

LUCY.

             Ah! me quitter; jamais!

Partout, même au tombeau, je te suis désormais.

Pour mourir avec toi la fuite m'est permise!

L'union que cent fois nos cœurs s'étaient promise,

La voilà donc enfin, l'union du tombeau!

D'une foi consolante embrassons le flambeau,

Gustave; il est un ciel où mon espoir se fonde:

La justice de Dieu nous doit un autre monde.

SCÈNE X.

MADAME DE MARBEL, LES PRÉCÉDENTS.

MADAME DE MARBEL.

Mon fils! il est ici : j'approche avec effroi.

GUSTAVE.

Ma mère! Quel chagrin pour elle! Dieu! pour moi
Quelle agonie!

MADAME DE MARBEL.

Eh bien, me suis-je encor trompée?

(Apercevant son fils blessé.)

Hélas! non. Dans son sang quelle main s'est trempée?
Je le devine trop...

SCÈNE XI.

M. BLONDEL, LES PRÉCÉDENTS.

M. BLONDEL.

Toujours ma belle-sœur!

Et que veut-elle encor?

(Il approche.)

Que vois-je? quelle horreur!
Gustave ici mourant! Ciel! soutiens mon courage!

MADAME DE MARBEL.

Venez, monsieur, venez jouir de votre ouvrage...

M. BLONDEL.

Gustave dans les bras de ma fille ! Quel sort
Est donc celui du prince ? Ah ! mon gendre !

GUSTAVE, d'une voix forte.

Il est mort !

(Lui-même expire en prononçant ce mot.)

FIN.

POÉSIES DIVERSES.

POÉSIES DIVERSES.

AUX ENFANTS DE CELLE QUE J'AIME.

Enfants, quand vous jouez auprès de votre mère,
Quand sur vos fronts si purs elle imprime un baiser,
Quelle est donc tout à coup cette douleur amère
    Que sur mon cœur je sens peser ?

De me croire jaloux épargnez-moi l'injure ;
Mon âme se remplit d'une vague douleur,
Mais nul des doux propos que votre âge murmure
    Ne saurait causer mon malheur.

A son cou suspendus vers vous elle se penche,
Mêlant son doux visage à vos vives couleurs,

Comme de l'oranger on voit plier la branche
    Sous le poids des fruits et des fleurs.

De ses cheveux si beaux vous dérangez les tresses,
De vos petites mains vous froissez ses appas;
Mais vos chastes baisers, vos naïves caresses,
    Enfants, ne la faneront pas!

Il m'a fallu quitter ce tableau plein de charmes,
Pour tout autre que moi groupe délicieux :
Ah! puissiez-vous jamais ne connaître les larmes
    Que j'ai dû cacher à vos yeux!

L'HORLOGE DU VILLAGE.

(SUJET DONNÉ.)

Lorsque, dans les écarts d'une course lointaine,
 Galopant par monts et par vaux,
Le sol vous semble fuir sous le pied des chevaux ;
Lorsque, errant sur la foi d'une trace incertaine,
La chasse vous conduit vers le déclin du jour
A travers un modeste et paisible séjour,
Vous souvient-il d'avoir, dans ce bruyant passage,
Honoré d'un regard l'horloge du village ?
Fixée au pan noirci de quelque vieux clocher
Sans luxe, sans éclat, emblème de la vie
Que l'on mène au village, elle aime à se cacher :
En échappant au monde, on échappe à l'envie.
Le grand nombre, occupé du plaisir qu'il poursuit,
Ne daigne point la voir, et, sans tourner la tête,
Il passe insouciant de l'heure qui s'enfuit ;

     Ainsi qu'elle, rien ne l'arrête.
Mais lorsque, reprenant le sentier du château,
Chasseurs, chiens et chevaux, tels qu'un épais nuage,
Pêle-mêle en grondant s'éloignent du village ;
Quand le soleil glissant derrière le coteau
Verse sur le vallon un reste de lumière,
Parfois vous entendez encor dans le lointain
L'horloge frappant l'air de son timbre argentin ;
C'est l'*Angelus* qui sonne, humble et courte prière
Qui, trois fois dans le jour rappelant l'homme à Dieu,
Le finit, le commence, en marque le milieu.
Trop souvent étranger à tout pieux usage,
L'habitant de la ville, au milieu du fracas,
Est sourd à cet appel, ou bien ne l'entend pas.
Dans le calme des champs, l'horloge du village
Fait retentir au loin jusqu'à l'écho des bois ;
Là, d'un sacré devoir rien ne couvre la voix.
Elle n'entend jamais une brutale ivresse
Dans ses désirs impurs accuser sa lenteur,
Ni dans son désespoir le crime ou le malheur
De ses moments comptés maudire la vitesse.
Là, point de regard sombre à son cadran fixé,
Du temple de la Bourse attendant l'ouverture ;
Point de rivaux armés pour une folle injure,

Au rendez-vous fatal marchant à pas pressé ;
Point de solliciteur pour un tour d'audience
Intriguant dès l'aurore aux portes du palais ;
Point d'huissier attendant l'heure de l'échéance
Pour contraindre par corps, protester des billets.
Libre de ces soucis, dont l'atteinte est mortelle,
L'horloge du village, attachée au saint lieu,
Voit tous les intérêts s'y grouper autour d'elle,
Tous les événements s'y rapporter à Dieu.
C'est là que, sans apprêt, sans pompe, se déploie
Tout ce qu'on y ressent de douleur ou de joie ;
C'est là que le baptême attend le nouveau-né
Qu'on entoure de vœux, de transports d'allégresse,
Un berceau près duquel nul flatteur ne s'empresse,
Et que la fleur des champs a seule couronné ;
C'est là que de deux cœurs l'union est bénie,
    Qu'une courte cérémonie,
    Quelques amis, un bon pasteur,
Des deux époux au ciel demandent le bonheur.
  C'est encor là qu'au sortir de ce monde
    L'homme paraît pour la dernière fois ;
Au milieu des accents d'une douleur profonde,
En éloges pompeux nul n'élève la voix ;
Mais le village entier, au commun cimetière,

Escorte en pleurant le cercueil,
Et pour tout monument pose une croix de pierre
Sur celui dont le cœur n'a pas connu l'orgueil.

DES REGRETS.

J'ai longtemps dépensé ma vie
Sans raison, sans économie,
Livrant l'avenir au hasard,
Prodigue de l'heure présente,
Et d'une étoile menaçante
Détournant toujours mon regard.

Ma jeunesse, en plaisirs perdue,
Me révèle enfin l'étendue
D'un âge écoulé sans retour,
Et je compte d'un œil avare,
Le sable, hélas! déjà bien rare,
Qui doit marquer mon dernier jour.

J'aurai donc glissé sur ce monde
Comme un frêle esquif rasant l'onde,
Vers l'écueil poussé par les vents;
Simple fleur mourant sur sa tige,

Dont aucun fruit, aucun vestige
N'aura pu survivre au printemps.

Ivre de nos grandeurs mortelles,
Au glaive des lois éternelles
Ma joie a longtemps insulté ;
Aujourd'hui, sous un bras sévère,
Mon bonheur, brisé comme un verre,
A trahi sa fragilité.

Sous le voile épais de la nue,
Le ciel échappant à ma vue,
Au hasard j'ai longtemps flotté ;
Et, troublé des coups de l'orage,
De mes sens je reprends l'usage
Sur le sable où je fus jeté.

Lorsque, marchant à l'aventure,
D'un fanal, dans la nuit obscure,
Nous apercevons la lueur,
De sa bienfaisante lumière
Sur l'œil l'impression première
Est un sentiment de douleur.

Ainsi l'homme, dans sa jeunesse,

Aux bords de la coupe traîtresse
S'attache, épris de leur douceur,
Et rejette un fruit salutaire
Qui couvre d'une écorce amère
Le seul baume ami de son cœur.

Trop longtemps mon âme, en délire,
Sur le caprice d'un sourire
Bâtit l'espoir de son bonheur;
Et, comme un brillant météore
Disparaissant devant l'aurore,
J'ai vu fuir un rêve trompeur.

Dans cet exil de peu d'années
S'il est des heures fortunées,
Nous les devons à la beauté;
Elle est au passant sur la terre
Le ruisseau qui le désaltère,
L'ombre qui le couvre en été.

Avec celle qu'il a choisie,
Heureux celui que le sort lie
Comme la vigne avec l'ormeau;
Qui, payé d'un amour fidèle,

Après avoir vécu près d'elle,
Dort près d'elle au même tombeau !

Hélas ! près de ma bien-aimée,
Mon âme, en désirs consumée,
Trouva l'obstacle du devoir.
Si la cruelle destinée
Loin de moi l'avait enchaînée,
Fallait-il me la laisser voir ?

Tels sont dans la céleste voûte,
Sillonnant leur brillante route,
Ces astres qu'on voit serpenter :
Malheur à qui, dans sa carrière,
Contre ces foyers de lumière
Imprudemment vient se heurter !

Sans l'amour qui troubla mon être,
Sans ses biens, sans ses maux peut-être,
Ma vie eût été sans plaisirs ;
Mais j'aurais quitté cette terre
Sans jeter les yeux en arrière ;
Ma mort eût été sans soupirs.

Je rêvais parfois que la gloire,

Entre les héros de l'histoire,

A mon nom donnerait un rang ;

Alors, dans mon ardeur grossière,

J'aurais mis le monde en poussière

Pour un chiffon couleur de sang.

Vaut-il donc le prix qu'on en donne,

Ce triste laurier de Bellone,

Ce dernier hochet d'un mourant ?

Sur les pas sanglants d'une armée

Quand j'ai suivi la renommée,

Je n'ai trouvé que le néant.

Enfin, sur les biens de la terre,

Son bonheur, sa gloire éphémère,

J'ai conçu de tardifs soupçons,

Et contre leurs perfides charmes,

Dans la mort, pour prix de mes larmes,

J'ai puisé de sages leçons.

Adieu, compagnons de ma vie,

Hommes, mes frères en folie,

Dont je ne puis me détacher ;

Vers vous mes bras encor se tendent,

Et malgré moi mes yeux répandent
Des pleurs que je voudrais cacher.

En vain à la corde sonore
Mes doigts se rattachent encore
Pour charmer mes derniers moments ;
Sur la corde ma main retombe,
Et je sens le froid de la tombe
Qui vient glacer ses mouvements.

Ma voix sur mes lèvres expire ;
Le son plus faible de ma lyre
Se mêle à des vœux superflus ;
Et de ce monde je m'efface
Comme un souffle impur sur la glace
Que bientôt il ne ternit plus.

UNE CAMPAGNE EN BELGIQUE.

(1831).

Les Hollandais, d'un peuple sans défense
Prétendaient donc envahir les États ?
Du coq gaulois la noble vigilance
A réveillé l'ardeur de nos soldats.
Mais verrons-nous jusques à la frontière
Ce fier torrent reculer pas à pas ?
Qu'ont-ils donc fait de leur humeur guerrière ?
Les Hollandais ne se battront-ils pas ?

Naguère encore, en embrassant mon père,
J'avais parlé de gloire à ses vieux jours ;
Et ce mot seul, des larmes d'une mère
Vint un moment interrompre le cours.
Quittant gaiement nos amis et la France,
Un noble élan nous guidait aux combats.
N'était-ce donc qu'une vaine espérance ?
Les Hollandais ne se battront-ils pas ?

J'ai tout quitté, même une douce amie
Qui d'un tyran subit la triste loi ;
Sous ses beaux yeux, bravant la jalousie,
La gloire seule eût pu parler de moi.
Contre l'oubli j'invoquais la victoire :
Mieux vaut cent fois un glorieux trépas,
Que de sortir vivant de sa mémoire !
Les Hollandais ne se battront-ils pas ?

J'ai vu ces champs, trop fameux dans l'histoire,
Où, par le nombre accablant nos guerriers,
L'Europe entière a triomphé sans gloire,
Et sur leur tombe a planté ses lauriers.
Mânes sacrés, héros morts pour la France,
Vous aviez cru, sous le bruit de nos pas,
Vous réveiller au jour de la vengeance :
Les Hollandais ne se battront-ils pas ?

A M. LE MARQUIS DE F***.

J'avais compté sur un peu d'indulgence
Pour accueillir ma modeste chanson.
Combien je crains aujourd'hui ta vengeance,
Qu'arment, hélas! la rime et la raison!
Cette campagne, aux regrets de ma vie
Ajoutera quelques nouveaux chagrins;
Mais il me reste et ma philosophie,
Et le secours de ses joyeux refrains.

N'exige pas une digne riposte
Aux vers légers tournés de ta façon.
Pégase est peu le cheval d'avant-poste;
C'est un rétif qu'on laisse en garnison.
Lorsque d'ailleurs il nous suit à l'armée,
C'est du laurier qu'il veut pour ration;
Et cette fois, tu vois, la renommée
L'aurait laissé sans distribution.

8

Ta muse est bien parfois un peu *poissarde*,
Et sans pudeur nomme tout par son nom.
Je ne veux pas rimer à la *hussarde*;
Même au bivac on peut avoir bon ton.
Et si tu sais qui cause mon délire,
N'insulte pas à ma fidélité;
Que dans tes mains le fouet de la satire
Respecte au moins la grâce et la beauté.

Il est trop vrai, les filles de mémoire,
Qui dans le peuple ont pris plus d'un amant,
Ne m'ouvrent pas les pages de l'histoire,
Au Panthéon je frappe vainement.
Mais nos héros pour compagnons de gloire
Dégoûteraient de l'immortalité,
Et j'attendrai que sur la table noire
On trouve un peu bonne société.

A MON SABRE.

Ami, repose auprès de moi,
Le calme succède à l'orage ;
Mais, quelque jour, notre courage
Peut bien encor servir le roi.
Dans mes mains fais place à ma lyre ;
A défaut des honneurs guerriers,
Laisse la muse qui m'inspire
Te couronner de ses lauriers.

De mon sort je ne me plains pas,
Imite ma philosophie ;
Doué d'une plus longue vie,
Tu survivras à mon trépas.
Après moi transmis d'âge en âge,
Tu peux armer de jeunes bras,
Et, devenu mon héritage,
Dans leurs mains tu rajeuniras.

8.

Tu m'as servi fidèlement
Dans mon amour et dans ma haine;
Tu sais ce qu'il entre de peine
Au cœur d'un soldat, d'un amant;
Un souvenir ineffaçable
En tous lieux troublait ma raison,
Et de ta pointe, sur le sable,
Tu m'aidais à tracer son nom.

Si j'atteins l'âge aux cheveux blancs,
Je t'ai porté dans ma jeunesse,
Peut-être un jour, de ma vieillesse
Tu soutiendras les pas tremblants.
Plus d'une fois, loin de la France,
Sur toi je me suis appuyé;
Discret témoin de ma souffrance,
Que de fois mes pleurs t'ont mouillé!

Que d'autres disputent au sort
Les débris d'une longue vie,
Je meurs content si mon amie
Accorde une larme à ma mort.
Mais quand viendra ma dernière heure,

Des combats si telle est la loi,
Loin des miens s'il faut que je meure,
Ami, tu seras près de moi!

A MA PIPE.

De quelques vers, ô ma pipe, ma mie,
Depuis longtemps tu méritais l'honneur ;
Ne conçois pas d'injuste jalousie,
Et d'un oubli n'accuse pas mon cœur.
Dans cette vie en regrets consumée,
Un philosophe, un fumeur dit souvent :
« Tout ici-bas est comme ta fumée ;
Autant, hélas ! en emporte le vent. »

Au cabaret, dans un épais nuage
Qui me dérobe à de profanes yeux,
Je crois avoir tout l'Olympe en partage ;
Pour moi la bière est le nectar des dieux
Illusion dont mon âme est charmée,
Plaisir, bonheur, ivresse d'un moment,
Tout, ici-bas, est comme ta fumée ;
Autant, hélas ! en emporte le vent.

Quand ma Lison, en guise de vestale,
De sa main blanche entretenait tes feux,
Parfois, sans craindre une peine brutale,
Pour un baiser elle oubliait ses vœux ;
Sans jalousie, avec ma bien-aimée,
Dans mes loisirs tu partageais gaiement ;
L'amour lui-même est comme ta fumée :
Autant, hélas ! en emporte le vent.

O courtisans à la langue dorée,
Qu'avez-vous fait du roi que vous trompiez ?
De son pouvoir la statue adorée,
Dans la poussière est tombée à nos pieds.
Titres, honneurs, fragile renommée,
Trônes assis sur un sable mouvant,
Tout, ici-bas, n'est que songe et fumée :
Autant, hélas ! en emporte le vent.

UNE GRISETTE.

Orpheline de père et mère,
J'ai dix-sept ans, quelques appas,
Le cœur bon, la tête légère :
Ce sont mes seuls biens ici-bas. .
O vous, mesdames du beau monde,
Qui me reprochez mes faux pas,
Ne sait-on pas sur quoi se fonde
Cette vertu qui fait fracas ?
Non, mesdames, vous n'aimez pas.

Vous m'enviez, vertus sans tache,
Ma fraîcheur, ma vive gaieté,
Mon amant à blonde moustache,
Par-dessus tout ma liberté.
Plus que moi peut-être on vous aime ;
Mais, grâces à vos cœurs ingrats,
Les feux allumés par vous-même

Viennent s'éteindre entre mes bras.
Non, mesdames, vous n'aimez pas!

J'admire comme une héroïne
Vous fait languir un pauvre amant,
Et pour le lecteur, j'imagine,
Vous file un tendre dénoûment.
Pour la vertu de vos maîtresses,
Chevaliers, trêve de combats;
A toutes ces fières Lucrèces
Souffrez que je dise tout bas :
Non, mesdames, vous n'aimez pas!

Ève, notre gourmande mère,
Au travail condamna nos jours;
Mais vous qui vivez sans rien faire,
Vivez donc aussi sans amours.
Le jour est témoin de nos peines,
La nuit protége nos ébats;
Les palais sont aux inhumaines,
Laissez le bonheur aux grabats;
Non, mesdames, vous n'aimez pas!

LE CHOLÉRA.

(1832).

Enfant malsain des rivages d'Asie,
Vers nous s'avance un triste voyageur,
Et du destin l'aveugle fantaisie
Dans nos plaisirs porte un trouble vengeur.
Contre la mort notre âge en vain proteste,
Dans sa fureur il nous décimera…
Amis, buvons, et moquons-nous du reste,
Le choléra viendra quand il voudra.

Il prit naissance où commença le monde,
D'où vint le crime exiler la vertu,
Où maître Adam, que le diable confonde,
Pour une pomme, hélas! a tout perdu.
Mais oublions l'origine funeste
De tant de maux que sa faute engendra.
Amis, buvons, etc.

A ses progrès, puisque rien ne s'oppose,
Dès aujourd'hui suspendons nos payements,
De nos plaisirs doublons partout la dose,
A table, au lit, profitons des moments.
Bientôt, hélas ! la Faculté l'atteste,
A l'eau, la diète, elle nous réduira.
Amis, buvons, etc.

A MON PORTIER.

—

Je hais un indiscret portier
Qui, trahissant ma confiance,
Alimente la médisance
Des commères de mon quartier.
Dans mon orgueilleuse faiblesse
Je crains des regards curieux ;
Sur les travers de ma jeunesse,
O mon portier, ferme les yeux !

Je ne suis tartuffe ni faux,
Et, sacrifiant sans mystère
A Bacchus, au dieu de Cythère,
Je ne cache pas mes défauts.
Je vais rarement à confesse ;
Le dimanche, un peu paresseux,
Je manque l'heure de la messe ;
O mon portier, ferme les yeux !

Pour te parler, plus d'une fois
J'ai vu ma timide maîtresse,
Redoutant ta langue traîtresse,
Déguiser le son de sa voix ;
Sa main blanche, en ouvrant la porte,
Baisse un voile mystérieux ;
Le soir n'attends point qu'elle sorte ;
O mon portier, ferme les yeux !

Lorsque, s'arrachant de mes bras,
Le matin tu la vois paraître,
Ne cherche pas à la connaître,
N'augmente pas son embarras.
S'il vient chez moi quelque autre belle,
Bannis des soupçons odieux ;
Pour ne pas me croire infidèle,
O mon portier, ferme les yeux !

Je suis sobre ; mais, par hasard,
D'un ami célébrant la fête,
Si son vin vieux trouble ma tête,
S'il m'arrive de rentrer tard ;
A ma démarche chancelante
Prête ton bras officieux,

Et sur ma raison défaillante,
O mon portier, ferme les yeux !

Je rêvais, la dernière nuit,
Qu'au son d'une énorme trompette,
Nous sortions tous de la retraite
Où tôt ou tard on nous conduit ;
Indigne, par ma vie entière,
De franchir la porte des cieux,
J'entrais en chantant à saint Pierre :
O mon portier, ferme les yeux !

MON AME EST TRISTE JUSQU'A LA MORT.

Pour moi la mort n'est plus un doute,
Ma barque approche de l'écueil ;
Lancé sur la fatale route
Qui du berceau mène au cercueil,
J'ai vu fuir l'erreur passagère
Qui, pressant ma faible paupière,
M'avait dérobé le lointain ;
Et, sans que ma douleur l'arrête,
Bientôt se lève sur ma tête
Le dernier soleil du matin.

Du moins je quitterai sans plainte
Un monde où je souffris toujours,
Prêt à comparaître sans crainte
Devant le juge de nos jours.
Ma reconnaissance éternelle
A béni sa main paternelle
Des biens dont il m'avait doté ;
Et, durant un long sacrifice,

De son immortelle justice,
Dans mes pleurs je n'ai pas douté.

Puisqu'à la tombe il faut descendre,
Ne puis-je au moins savoir mon sort?
Quel champ recueillera ma cendre?
Où dormirai-je après ma mort?
Dans cette enveloppe grossière
Que je dois rendre à la poussière,
Tout n'est-il donc que vanité?
Ombre et poussière que nous sommes,
D'où nous vient, périssables hommes,
Ce rêve de l'éternité?

Moissonné dans la foule obscure,
Peut-être le soir d'un combat,
Je ne devrai la sépulture
Qu'à la pitié d'un vieux soldat.
Hélas! sur la rive étrangère
Jamais celle qui me fut chère
Ne viendra pleurer mon trépas;
En quelque lieu que je succombe,
Si son pied vient fouler ma tombe,
Mon cœur froid battra sous ses pas!

NE M'AIMEZ-VOUS PAS?

Lorsque, de vous l'âme remplie,
Je repasse en mon souvenir
Ces instants qu'à vos pieds j'oublie,
Qui me semblent sitôt finir,
Pour lire dans ma destinée
J'éprouve un cruel embarras :
Vous que je n'ai point devinée,
Répondez, ne m'aimez-vous pas?

Parfois, les accents de ma lyre
Trouvent accès jusques à vous;
Les vœux qu'enfante mon délire,
Vous les écoutez sans courroux.
Faut-il donc à l'indifférence
Livrer d'inutiles combats?
Faut-il garder quelque espérance?
Répondez, ne m'aimez-vous pas?

Cet aveu, qu'en vain je réclame,
L'obtiendrai-je au moins cette fois?
Jugez du trouble de mon âme
D'après le trouble de ma voix.
Émue et tremblante vous-même,
Que murmurez-vous donc tout bas?
Depuis si longtemps je vous aime!
Répondez, ne m'aimez-vous pas?

UN DOUX REPROCHE.

De fat je crois que vous m'avez traité ;
M'avez-vous bien pu faire un tel reproche ?
De vous ce n'est qu'en tremblant que j'approche ;
Jamais affront ne fut moins mérité.
Faut-il descendre à mon apologie ?
Mes yeux encor sont humides de pleurs,
Et dans mes vers la plaintive élégie
A fatigué l'écho de ses douleurs.
Je crois enfin pénétrer la pensée
Que dans ses plis renferme votre cœur ;
Ne faites pas la mine courroucée,
Ne ridez pas ce front plein de candeur :
Non, désormais je ne veux plus maudire
Ces cours instants passés auprès de vous.
Mes vers parfois trompant votre courroux,
A leurs refrains j'ai dû plus d'un sourire ;
Et, sans charger votre sévérité,

C'est bien assez de la réalité.

J'en dirais plus; mais de votre colère

Mon cœur tremblant redoute les effets.

Que vos beaux yeux adoucissent leurs traits,

Je me tairai, crainte de vous déplaire;

Je me plaindrai, puisque vous l'aimez mieux;

La plainte sied à la voix du poëte,

Et ses soupirs, pourvu qu'on les permette

Peuvent encor faire des envieux.

A M. LE COMTE DE M***,

QUI M'AVAIT PROMIS UN DESSIN EN ÉCHANGE D'UNE PIÈCE DE VERS.

Vous souvient-il de la promesse
Que vous me fîtes l'an dernier,
Qu'essaieraient en vain de nier
Tous les détours de la paresse?
Ne devions-nous pas échanger
Les faveurs de dame nature?
La poésie et la peinture
Ne sont sœurs que pour partager.
Si j'étais habile poëte
Autant que vous peintre élégant,
Si je disposais un instant
Des trésors de votre palette,
J'essaierais de vous retracer
Une douce et touchante image
Qui, sous vos doigts, modeste ouvrage,
Aurait besoin de repasser.

Qu'en ma faveur votre génie,
A son propre essor s'arrachant,
Représente un soleil couchant
Sous le beau ciel de l'Italie;
La mer, à droite du tableau,
Venant expirer au rivage,
Et, sous le voile d'un nuage,
Mêlant le ciel, la terre et l'eau;
Une femme, loin de la France,
Plongée en un rêve d'amour,
Confiant sa faible espérance
Aux derniers rayons d'un beau jour.
Derrière elle, à gauche, la ville,
Naples, qu'on verrait à demi,
Reposant sa tête tranquille
Au pied du Vésuve endormi.
Que sous votre touche amollie
Tout prenne un ton mystérieux;
Qu'une douce mélancolie
Se répande sur ces beaux lieux.
Mais rien, oh! rien qu'un paysage;
C'est là tout ce que je permets;
Vous ni moi ne peindrons jamais
Les doux contours de son visage.

Contentez-vous de dessiner
Une ombre, une robe tremblante;
Que l'instinct d'une âme brûlante
L'y puisse seule deviner.

Pour elle, au moins, soignez l'ouvrage;
J'enflammerais votre talent
Si je l'osais, en révélant
L'anonyme d'un tel suffrage.

A LA MAITRESSE D'UN CAFÉ,

A VENDOME.

Vos yeux, sans être d'un beau noir,
Ni de ce bleu vraiment céleste,
A maint propos galant et leste
Vous exposent dans un comptoir.
Et comment, même en sachant vivre,
Ne pas s'oublier quelque jour,
Lorsque près de vous tout enivre,
Le café, le punch et l'amour?

Sans vous armer d'un front sévère,
Aux doux propos laissez leur cours;
Tout en versant le petit verre,
Fermez l'oreille aux beaux discours;
Pourtant, pour pousser à la vente,
Sachez sourire aux compliments;
Qu'une politique savante

Tienne en haleine les amants.
Sans y répondre , agréez leur hommage ;
Près d'un si bel oiseau, sur son comptoir perché ,
Que tout galant , par l'amour alléché ,
Vienne à loisir célébrer son plumage.
Tous ces renards , épris de vos attraits ,
Sauront un jour ce que la vue en coûte :
Ici, c'est le flatteur qui fait seul tous les frais ,
Et qui vit au profit de celle qui l'écoute.

A UN PETIT VASE DE PORCELAINE DE SÈVRES,

DESTINÉ A SERVIR DE PORTE-BOUQUET.

Va, petit vase, objet de mon envie,
Séparons-nous, et, plus heureux que moi,
Coule près d'elle une innocente vie;
Ses blanches mains daignent s'ouvrir pour toi.
Mais sous ses yeux (s'il n'est pas impossible)
Jouis en paix de ta félicité;
Et souviens-toi que, pour être insensible,
Tu n'en as pas moins de fragilité.

Quand tu verras maint bouquet, maint hommage
Mis à ses pieds, tribut de chaque jour,
Toi, plus durable, ainsi que mon amour,
D'un cœur constant sois la constante image.
Ne souffre pas qu'un sentiment jaloux
Mêle son fiel à ta douce existence.
Tous ces galants qui parlent de constance,
Comme leurs fleurs passeront avant nous.

LE CHATEAU DE LAVARDIN.

Salut, noble château, majestueux débris,
Souvenir d'une grande et belliqueuse race !
De vénération à ton aspect épris,
Mon œil des temps passés y vient chercher la trace.
Sur la roche escarpée où, hardiment assis,
S'élèvent tes vieux murs, haletant je m'arrête.
Là, seul entre l'abîme et leurs créneaux noircis,
Un vertige inconnu s'empare de ma tête ;
Je me laisse tomber au pied de ces remparts
Dont le front désarmé menace encor la plaine ;
Et, sur le sol jonché de leurs restes épars,
Je me prends à rêver de la grandeur humaine.

Venez, puissants barons (1), châtelains orgueilleux :
Dites, est-ce bien là l'antique résidence,

(1) Les barons de Lavardin avaient le privilége de tenir l'étrier au roi
le jour du sacre.

Héritage reçu de vos nobles aïeux,
Dont chaque âge avec soin renforçait la puissance?
Dans vos épais donjons défiant l'avenir,
Dites, l'auriez-vous cru que ces murs en ruine
Nous transmettraient à peine un obscur souvenir
De vos noms, vos hauts faits, votre illustre origine;
Qu'on ne trouverait plus qu'un pénible sentier
Pour visiter ces lieux, séjour de l'opulence,
Où le vol du hibou, le pas du chevrier,
De leurs restes déserts troublent seuls le silence?

Combien de fois, cédant au magique pouvoir
Qui m'enchaînait au pied de sa tour séculaire,
J'ai vu fuir sans souci les heures? et le soir,
Me surprenant couché sur cette noble terre,
Toutes les fictions, compagnes de la nuit,
Accouraient à la fois assaillir ma pensée.
Alors tout ce château, que le temps a détruit,
Je croyais le revoir dans sa splendeur passée;
Dans leur intégrité je revoyais ses tours,
La garde promenant ses regards sur la plaine,
Et sur la plate-forme, en ses plus beaux atours,
S'avançait à mes yeux l'illustre châtelaine.
Elle était là, tenant ses enfants par la main,

Aux soucis d'ici-bas couple novice encore;
Tandis qu'elle, les yeux fixés sur le chemin
Où son époux s'était élancé dès l'aurore,
Demeurait immobile en contemplation,
Appelant, de ses vœux et d'épouse et de mère,
Un point noir qui de loin perçait à l'horizon,
Et traçait dans sa marche un sillon de poussière.
Son page la suivait, faisant de petits pas
Pour soutenir les plis de sa robe flottante;
Puis ses filles d'honneur, d'amour parlant tout bas,
Et semblant partager sa crainte et son attente.

Mais, bientôt plus distinct, grossissait à leurs yeux,
Un groupe étincelant de brillantes armures
Qui, jusque sur l'écho des murs silencieux,
D'hommes et de chevaux renvoyaient les murmures.
Alors dans le château tout s'animait soudain,
Tout reprenait la vie à l'approche du maître,
Du maître revenant de quelque exploit lointain
Où son sang précieux avait coulé peut-être.
Pour fêter son retour, pour chanter sa valeur,
Noble dame, écuyer, chapelain, valetaille,
Tous pressés sur ses pas, égaux dans le bonheur,
Couraient pour s'assurer du sort de la bataille.

Bientôt le pont-levis devant eux s'abaissait ;
Le maître, tout couvert d'une noble poussière,
Sur son palefroi seul en tête s'avançait ;
Puis, de son casque enfin soulevant la visière,
Laissait à ces vassaux revoir ces traits chéris
Dont sa dame à raison était fière et jalouse ;
Et, mettant pied à terre au bruit de mille cris,
Il pressait dans ses bras sa chaste et belle épouse.
A la voix des humains mêlant leurs fortes voix,
Les trompettes sonnaient les chants de la victoire,
Et tout dans le château s'ébranlait à la fois
De bonheur, de plaisir, de grandeur et de gloire.

Mais tandis qu'ébloui de ce vaste tableau,
Un bruit confus résonne encore à mon oreille,
Mes regards sont frappés d'un spectacle nouveau ;
De la gloire au néant tout à coup je m'éveille.
Ils ont tous disparu, guerriers, femmes, enfants,
Tous ces grands souvenirs évoqués par un rêve ;
Ils m'ont laissé là seul sur les débris du temps,
Qu'éclaire faiblement la lune qui se lève.

Eh bien, sous sa pâle clarté,
Ces murs retrouvaient mille charmes ;

Émus de leur mâle beauté,
Mes yeux se remplissaient de larmes.
A l'heure où tout se tait, tout dort,
J'aime cet aspect de la mort
Que grandit encor le silence.
Qui sait le sort qui nous attend?
Qui sait de la force au néant
Combien d'heures sont la distance?

Quand le froid du soir me tirait
De ma profonde rêverie,
Je ne m'éloignais qu'à regret
De cette scène de féerie.
Il est un ravissant chemin
Tracé par un art surhumain
Entre la roche et la rivière;
Je le suivais à pas compté,
Et vingt fois du même côté
Mes yeux se tournaient en arrière.

Pour vous, le nom de Lavardin
N'est pas sorti de l'ignorance,
Vous, de qui le regard hautain
Méprise notre belle France;

Qui foulez d'un pas dédaigneux
Le sol qui porta vos aïeux,
Contre qui la mode blasphème;
Vous qui n'appelez voyager
Que fuir sous un ciel étranger,
Trop heureux de vous fuir vous-même.

Pourtant écoutez-moi : quand vous irez à Tours,
Évitez Orléans, et, sans suivre le cours
De la Loire, à mon gré pour ses bords trop vantée,
Prenez de Châteaudun la route bien hantée.
Peut-être y perdrez-vous pour le plaisir des yeux ;
Vous verrez un pays moins beau, moins curieux ;
Mais vous trouverez bien la route la plus douce
Où vous puissiez courir la poste sans secousse.
Séjournez à Vendôme, et, dès le lendemain,
Faites-vous de Montoire enseigner le chemin :
Ce n'est plus qu'un gros bourg, jadis ville importante,
Qui, comme Lavardin, du chef-lieu dépendante,
Après avoir changé de maître bien des fois,
Parvint par héritage au meilleur de nos rois.
Succédant par son père à ce noble domaine,
Henri Quatre n'y fut reconnu qu'avec peine,
Payant son patrimoine au prix de vingt assauts

Soutenus contre lui par ses propres vassaux.

Ce pays est tout plein de souvenirs de gloire ;

L'œil, en le parcourant, y retrouve l'histoire

Écrite à larges traits sur plus d'un monument,

Dont chaque débris parle et sert d'enseignement.

Mais sans aller ici, poëte téméraire,

Rimer péniblement un froid itinéraire,

Laissez-moi vous guider vers ce noble séjour,

Pour qui je suis épris d'un romantique amour.

Vous pouvez de Vendôme en deux heures atteindre

Un site que ces vers sont indignes de peindre ;

C'est quand vous descendez au rivage du Loir,

Que vous reconnaîtrez, avant que de le voir,

A d'énormes rochers dont la digue puissante

Dans sa marche partout aux regards se présente ;

C'est là que devant vous semble se dérouler,

Comme un vaste tapis que le pied va fouler,

Cette riche vallée où serpente avec grâce

Le Loir, dont les bienfaits partout marquent la trace,

Que l'œil perd par moments, mais retrouve toujours,

Et dont l'horizon seul semble borner le cours.

En face on voit de Trôo pointer l'antique église,

Au sommet du village artistement assise,

Et dont le groupe forme un repos pour les yeux,

Qui sert à mesurer ce lointain merveilleux.

Contemplez ce tableau, dont la vaste étendue
Trompe l'œil en fuyant et se perd dans la nue ;
Puis regardez à gauche, et vous découvrirez
D'un antique château les restes révérés ;
A leur premier aspect, si ses tours en ruines
Se mêlent aux rochers qui couvrent les collines,
De terre vous croirez bientôt le voir sortir,
Et sa masse imposante à chaque pas grandir,
Jusqu'à ce qu'au détour du versant qui la cache,
Sur un fond d'arbres verts son ombre se détache,
A leur riant aspect contrastant par son deuil,
Comme un spectre évoqué couvert de son linceul.

Pour gagner Lavardin, dans mon impatience,
Bien des fois en courant j'ai franchi la distance,
Poëte voyageant, le bâton à la main,
J'allais à travers champs, me frayant un chemin,
Sautant plus d'un ruisseau, bienfaisante ressource
Que j'accusais parfois de ralentir ma course,
Mais dont parfois aussi, dans l'ardeur de l'été,
L'eau vive sur ses bords m'a pu voir arrêté,
Trempant d'un peu de vin échauffé par la route

Les débris d'un pain dur dont je brisais la croûte.

Là, bien des fois encore, après un doux repos,

M'éveillant inspiré, je crayonnais ces mots,

Ces quelques vers, enfants gâtés que ma paresse

D'une main complaisante en ses loisirs caresse.

Soldat, quand le devoir m'enchaînait à ces lieux,

Leur beauté m'y rendait le joug moins odieux.

Dès qu'aux soins du métier je dérobais une heure,

De l'esclavage armé désertant la demeure,

C'était là que j'allais pour composer mes vers,

Pour respirer l'air libre, y secouer mes fers;

Et, chassant tout souci de mon âme oppressée,

Au temps de nos aïeux j'élevais ma pensée.

J'aime ces vieux châteaux qui, malgré le courroux

Des hommes et du temps, parviennent jusqu'à nous

Dans leurs nobles débris, triste et fidèle image

De leurs maîtres altiers, idoles d'un autre âge,

Emblème d'un pouvoir de nos jours écroulé,

Et qu'un peuple en fureur sous ses pieds a foulé.

Telle, au milieu des mers, on aperçoit la tête

D'un roc tout sillonné des coups de la tempête,

Qui, sur sa base assis par un bras tout-puissant,

Voit le courroux des flots contre elle s'épuisant,

Reçoit sans s'émouvoir leur inutile outrage,
Et semble se jouer d'une impuissante rage.

Suivant donc votre goût, allez à Lavardin,
Soit à travers les champs, soit par le grand chemin,
Puisque, chargé du poids de nos chaînes mortelles,
La main du Créateur nous refusa des ailes.
Là, de petits enfants vous guideront pieds nus
Vers ces débris d'eux seuls peut-être bien connus.
Suivez-les prudemment : l'insouciante enfance
Sur le rocher tremblant marche avec assurance,
Ne voit ni ne comprend l'effroi du voyageur,
Et siffle en enjambant sur cent pieds de hauteur.

Ils vous promèneront de ruine en ruine ;
Mais n'attendez rien d'eux sur le nom, l'origine
De tant de chefs fameux, hôtes de ce séjour
Où leurs cœurs ont battu pour la gloire et l'amour.
De ces grands souvenirs il ne reste au village
Que des contes grossiers, ignoble commérage
Qui, tandis que tout parle à votre émotion,
Semble un dernier degré de profanation.
Pour moi, peu curieux de leur expérience,
Sachant pour méditer tout le prix du silence,

Je les congédiais avec quelques gros sous,
Envoyant rire au loin ces vandales *voyous*.

Tel que dans un saint lieu d'où le peuple s'écoule,
Quand le calme succède au bruit sourd de la foule,
Quand les chants ont cessé, lorsque, dans le lointain,
S'éloignant le dernier, le pas du sacristain
Ne fait plus retentir les voûtes de l'enceinte,
Si vous demeurez seul avec la lampe sainte
Dans cet isolement, la majesté du lieu
Pénètre tous vos sens, vous élève vers Dieu,
Et l'âme, sans témoin qui trouble sa prière,
Dans sa pieuse ardeur s'exhale tout entière.

Tel, frappé d'un respect presque religieux,
Je voulais être seul à visiter ces lieux,
Et, l'esprit affranchi de tout cortége obscène,
D'un drame à chaque pas je retrouvais la scène;
Là, j'entendais les voix, les chants des chevaliers;
Là, les gémissements, les pleurs des prisonniers.
Si mon cœur s'enflammait pour la gloire des armes,
Mes yeux pour le malheur avaient aussi des larmes;
Je sondais tout pensif le fond de ces cachots
Où l'épaisseur des murs absorbait les sanglots.

Que de fils y sont morts en songeant à leur mère !
Que d'autres en nommant celle qui leur fut chère !
Ravis sans jugement à la clarté du jour,
Pour l'éternel oubli de ce sombre séjour,
Après des ans entiers consumés dans la plainte,
Ce n'est que dans la mort que leur voix s'est éteinte,
Dans la mort sans espoir au fond du souterrain
Qu'avait muré sur eux une porte d'airain.

J'avais tout visité, j'avais vu chaque place
Que renferme le sol ou qu'offre sa surface ;
Et, jaloux de monter sur le sommet des tours,
En vain d'un escalier je cherchais le secours,
Le seul dont ces débris offrent quelque vestige
Détaché, loin de tout se soutient par prodige ;
Dans ses derniers degrés qui regardent le ciel,
On croit voir un débris de la tour de Babel.
Mais tandis qu'il n'est plus qu'une belle ruine,
Les crevasses du mur qu'avec soin j'examine,
Chez qui la main de l'homme aida celle du temps,
Accusent à mes yeux de hardis précédents,
Et leur direction, révélant son usage,
D'une fenêtre haute indique le passage ;
Les enfants du pays à coup sûr l'ont tenté,

J'y reconnais leur âge et leur témérité.

Déjà plus d'une fois, dans ces trous cramponnées,

Mes mains avaient faibli sous le poids des années,

Et mon cœur, dévoré de honte et de regret,

Contre un corps impuissant sans cesse murmurait.

Pourtant un jour, plus riche et de force et d'audace,

Je tente de nouveau cette pénible trace ;

Mes mains se fixant mieux dans les fentes du mur,

Je parviens à gagner un corridor obscur;

Là, redoublant encor d'efforts et de courage,

Je me trouve porté sur le premier étage,

Qui, sur la voûte assis, me fait de ce niveau

Découvrir le pays sous un aspect nouveau.

De toute sa hauteur je contemple la plaine,

Et me couche un instant pour y reprendre haleine,

Car il restait encore un étage à franchir

Qui d'un premier succès m'empêchait de jouir.

Fureur de s'élever, tourment de notre vie,

Il n'est plus de repos pour qui lui sacrifie !

Sur le plan incliné dès qu'on a fait un pas,

Il faut toujours monter, ou rouler jusqu'en bas.

Fatale ambition de la nature humaine,

Que rien ne satisfait et qui meurt à la peine,

Ou que Dieu laisse choir du faîte sur l'écueil,
Quand, pour mieux le confondre, il exauce l'orgueil.

Un désir innocent, mais non sans quelque force,
D'un point plus élevé me présentait l'amorce,
Et, ramenant mes yeux au sommet des créneaux,
Malgré moi m'arrachait à ce lieu de repos.
Sous le vague besoin qui vers ce but m'entraîne,
Je cède, je m'élance, et, grimpant avec peine,
Plus d'une fois les pieds me glissent, et mes mains
Témoignent par leur sang des efforts surhumains ;
Je touche enfin le faîte où, malgré mon audace,
Je me laisse tomber, prêt à demander grâce.
En effet, du ravin toute la profondeur
Vient des tours sur ce point accroître la hauteur,
Et sur la plate-forme, où rien ne fait obstacle,
Je n'ose contempler la beauté du spectacle.

Le sol où je posais, vide et plein tour à tour,
Se découpait sous moi comme un feston à jour,
Où l'œil, en traversant de larges meurtrières,
Sondait à chaque pas l'abîme entre les pierres.
Semblable au parvenu portant mal sa grandeur,
Ma tête se troublait, et de cette hauteur,

Sous le coup d'un transport que rien ne saurait rendre,
Dans le premier moment j'aspirais à descendre (1).

(1) En 1561, Jeanne d'Albret, mère de Henri IV et de Catherine de
Bourbon, habitait avec ses deux enfants le château de Lavardin, tandis
que son mari Antoine de Bourbon, roi de Navarre, recevait à Vendôme
Marie Stuart et toute la cour de France, qui cherchait à le faire divorcer
pour cause de religion, et à lui faire épouser la séduisante reine d'Écosse,
veuve depuis une année.

A M. LE Mis P. DE M***.

C'est vrai, marquis, je suis un animal ;
J'aurais déjà dû t'écrire, sans doute,
Et, comme dit un ancien général :
Je te permets de frapper, mais écoute !

Toi qui connais les ennuis du métier,
Peux-tu pour moi te montrer si sévère ?
Qui t'empêchait d'écrire le premier ?
Car l'Évangile, où tu ne lis plus guère,
Dit quelque part (si je m'en souviens bien) :
Dans l'œil d'autrui tel qui voit une paille,
N'aperçoit pas la poutre dans le sien.
Mais le reproche est un champ de bataille
Où nous pourrions longtemps nous escrimer.
Sans davantage aller rompre de lance,
Contentons-nous de rompre le silence :
Qu'a-t-on besoin de raison pour rimer ?

Depuis trois mois, tu me croiras sans peine,
Je meurs ici non d'amour, mais d'ennui.
Quant à l'amour, d'abord l'espèce humaine
En meurt, je crois, rarement aujourd'hui.
Assez de maux empoisonnent ma vie,
Assez de gens conspirent contre moi,
Chef d'escadron, manœuvres, théorie,
Fléaux d'enfer lâchés au nom du roi.
Et que veux-tu que, levé dès l'aurore,
Martyrisé sans pitié tout le jour,
A mes amours la nuit je rêve encore;
Que je m'en aille, en jobard troubadour,
La lyre en main, me pâmer pour ma belle,
Dire à l'écho ses célestes appas,
Et me piquer de me montrer fidèle,
Quand elle, hélas! peut-être ne l'est pas?
Non, j'attendrai que l'hiver nous rassemble,
Pour raconter ou taire mes regrets;
Car les amants sont, à ce qu'il me semble,
Souvent trop loin, et jamais assez près.

Tu vois du moins que ma philosophie,
En tempérant la fièvre des amours,
M'aide à porter le fardeau de la vie;

Je serais mort sans son divin secours.

Quant à tes plans formés pour cet automne,

Tu m'y verras souscrire avec ardeur,

Si les loisirs que le métier me donne

N'en viennent pas restreindre la teneur.

Je me rebute à bâtir à l'avance

Tous ces projets qu'un caprice détruit,

Château tremblant et de cartes construit :

Je suis bien vieux pour tous ces jeux d'enfance !

Mais, sans me plaire à colorer en noir

Cet avenir qu'un Dieu prudent et sage

Couvre à nos yeux du voile d'un nuage,

A tous tes vœux je m'unis en espoir.

Puissions-nous donc partir de compagnie

Pour le Marais, Dormans et Saint-Fargeau,

Car dans Poitiers à la mort je m'ennuie;

De tant de jours ce jour seul sera beau !

AU MÊME.

Depuis tantôt un mois que je t'ai répondu,
Je ne puis, mon cher Paul, expliquer ton silence.
Pour quelques méchants vers, hé quoi! m'en voudrais-tu?
Jadis je t'en ai vu prendre une autre vengeance,
Car tu rimais alors; je n'ai pas oublié
Que toi-même à la lutte encourageant ma muse,
Nous échangions parfois du *Weynen* barbouillé
De vers dont entre amis l'indulgence s'amuse.
Le temps aurait-il donc refroidi ton ardeur?
Ou, du cheval ailé n'ayant plus l'habitude,
Le sire d'Artagnan, jaloux de son honneur,
Craindrait-il du pavé le contact un peu rude?
Mais, mon ami, nos vers, exempts d'ambition,
N'ont pas à redouter de critique sévère;
Ignorés du public, sans fiel, sans passion,
Ils n'auront pas du moins ruiné de libraire.

Si donc, à mon appel, rallumant un beau feu,

Pour rimer un instant tu délaisses la prose,
De nos épanchements méconnaissant le vœu,
Ne va pas convertir en un travail morose
Ces lettres, dont l'objet n'est que de remplacer
Les tendres entretiens qu'interrompt la distance :
Écrire n'est de loin qu'un moyen de causer ;
Entre amis il n'est pas d'autre correspondance.
Ainsi, ne t'en va pas, sur Pégase perché,
Te laisser emporter au sommet du Parnasse ;
Je craindrais de te voir, de si haut trébuché,
Éprouver de quels tours le traître nous menace.
Non, tous ces jeux brillants, tous ces assauts d'esprit,
Ne valent pas pour moi ces naïves bêtises,
Ces mots partis du cœur, tous ces riens dont on rit ;
Et, sans tant de façons, je veux que tu me dises
Ce que tu fais ; comment, depuis plus de six mois,
Tu vis loin de Paris ; conte-moi la manière
Dont tu passes ton temps, les amours de ton choix ;
Parle-moi de ton chien et de ta cuisinière.

SUR UN DESSIN

Seule au milieu des fleurs, tribut que chaque jour
Vient verser à ses pieds, moins fraîches qu'elle-même,
Elle monte un bouquet, compose un diadème,
    Digne apanage de l'amour.

Nulle main étrangère, à ce charmant ouvrage,
D'un profane travail n'imprime le cachet;
Comme le Créateur, la belle, en ce bouquet,
    Fait un chef-d'œuvre à son image.

Aussi l'on croirait voir sous ses doigts chaque fleur
Se placer d'elle-même, attendant son suffrage,
Comme de jeunes sœurs se groupant d'âge en âge
    Autour d'une plus grande sœur.

A L'AUTEUR DE CE DESSIN.

Confiez-moi cette main blanche
Qui pour moi daigna travailler;
Que sur elle en baisers s'épanche
Tout ce qui se peut allier
De respect, de reconnaissance;
Tout ce que, pendant votre absence,
Je ne pouvais plus adresser
Qu'à ce délicieux ouvrage
Où vos doigts ont laissé percer
Quelque chose de votre image.
De l'amour est-ce le pouvoir?
Ou l'aviez-vous voulu vous-même,
Quand sous ce gracieux emblème
Sans cesse il me semblait vous voir?
Mais, fussiez-vous ou non complice,
N'importe, pour moi c'était vous;
Et j'adorais jusqu'au caprice

Qui, supprimant vos traits si doux,
Vous y fait détourner la tête.
Toujours prompte à les rétablir,
L'âme, en y suppléant, se prête
Aux doux rêves du souvenir.
En respectant leur ressemblance,
J'en composais l'expression,
Et mon imagination
Créait selon son exigence.
D'amour lorsque je vous parlais,
Je vous prêtais un doux sourire ;
A tout ce qu'alors j'osais dire
Ce front ne se rida jamais ;
Jamais un reproche sévère
Dans ces yeux exempts de fierté.
Souffrirez-vous que je préfère
Le rêve à la réalité ?

A UN BOUQUET DE BOUTONS DE ROSES.

Près de moi ce bouquet de roses
Devait-il attendre la mort?
Aimables fleurs à peine écloses,
Vous méritiez un meilleur sort;
Vous n'étiez pas indignes d'elle,
Un autre eût osé vous offrir;
Mais sur moi vous prendrez modèle,
Sans plainte vous saurez souffrir.
Si ce fut pour un tel suffrage
Qu'avant l'âge on vint vous cueillir,
Du moins, à l'abri de l'outrage,
Sous mes yeux vous pourrez vieillir.
Chez elle, après quelques journées
Qu'aurait duré votre bonheur,
On eût pu vous voir sans honneur
Par de viles mains profanées;
Vous auriez connu ce dédain
Qui succède au plus doux sourire.
Heureuses fleurs, votre destin

Vous préserve de la maudire.
Apprenez de mon désespoir
A bénir un sort plus modeste ;
Jugez, au regret qui m'en reste,
Ce qu'il en coûte de la voir.

Avec vous je m'identifie ;
Mêlant nos chagrins, nos amours,
D'une douce philosophie
Ensemble empruntons le secours.
Déjà, sur vos tiges flétries,
Je vois peser la main du temps ;
Ainsi, mes douces rêveries
N'ont duré que quelques instants ;
Déjà vos têtes inclinées
Ont perdu leurs vives couleurs ;
En quelques jours, quelques années,
Ainsi tout passe, hommes et fleurs ;
Les meilleures, les pires choses,
N'ont pas un destin différent ;
Mais amant et bouquet de roses,
Nous n'aurons changé qu'en mourant.

PLUS D'AMOUR.

Non, plus d'amour; adieu, séduisante chimère
Qui de rêves trompeurs me berças si longtemps!
Fruit à l'écorce d'or, à la saveur amère,
  Je te rejette, il en est temps.

Secouons bravement une pesante chaîne,
Sachons brûler la plaie, au mépris des douleurs,
Relevons-nous plus fier des pieds de l'inhumaine;
  Cachons-lui ce reste de pleurs.

Pour prix de tant de soins, pour prix de ma constance,
Que m'auriez-vous donné, créature de Dieu?
Lui seul à tant d'amour garde sa récompense,
  Car lui seul en est digne : adieu!

Adieu, vaine beauté, chef-d'œuvre de poussière,
Qui sous la main du temps s'écroule chaque jour;

Mon cœur, qu'a dévoré la céleste lumière,
    Rougit de votre impur amour.

Mais quels regrets charnels s'attachent à mon âme?
D'où vient qu'en la quittant je songe à la revoir?
Auteur du monde entier, toi qui créas la femme,
    Lui donnas-tu donc ce pouvoir?

Sans elle en vain je veux rêver une autre vie,
Son image est pour moi l'emblème du bonheur;
L'enfer à ses côtés pourrait me faire envie :
    Dieu, guéris-moi pour ton honneur !

LE MOIS DE JUILLET.

———

Riches des dons de la nature,
Qu'ils sont beaux ces longs soirs d'été
Qu'on passe assis sur la verdure,
Et dont la brise molle et pure
Vous enivre de volupté!

Ces soirs où, sur le paysage,
La vapeur du jour plane encor,
Où le soleil sur son passage,
Du lendemain heureux présage,
Laisse un rideau de pourpre et d'or!

La terre, pour ces jours de fête,
Revêt ses plus riches couleurs,
Et le voyageur qui s'arrête
Trouve de l'ombre sur sa tête,
Sous ses pieds un tapis de fleurs.

Alors la fraise et la cerise
Versent leurs trésors abondants;
Sous la main qui les fertilise,
Leur fruit rougit, et réalise
Les espérances du printemps.

Alors tout est joie au village,
Du pauvre ce sont les beaux jours;
L'air est chaud, le ciel sans nuage,
Et, sous le dôme du feuillage,
S'abrite l'essaim des amours.

Du palais et de la chaumière,
Roi, riche ou pauvre, chacun sort;
Parés de la fleur printanière,
Tous, confondus sur la bruyère,
Ont un moment le même sort.

Malheur à qui sur cette terre,
Lorsque tout aime autour de lui,
Demeure triste et solitaire,
Sans qu'un cœur soit dépositaire
De sa joie ou de son ennui!

Oui, malheur à l'âme rebelle

Qui passe seule ces beaux jours!
Toute jeune fille est si belle,
Reine ou bergère nous appelle
Au pied du trône des amours.

Vous à qui l'homme dit, Je t'aime!
Régnez, votre règne est si doux!
Vos yeux en sont la loi suprême,
Les fleurs des champs le diadème;
Sans honte on sert à vos genoux.

Qu'importe un hasard de naissance,
Plus ou moins d'or à dépenser?
L'amour rétablit la balance;
Entre amants quelle est la distance
Que ne peut combler un baiser?

Quand le soleil vers nous s'abaisse
Et verse l'or sur nos sillons,
Combien il fait, dans sa largesse,
Pàlir la mesquine richesse
Des dorures de nos salons!

Je ne vois pas qu'un toit de chaume

Nuise à l'éclat de deux beaux yeux ;
Les palais couvrent de leur dôme
Des cœurs où souvent l'amour chôme :
La beauté se passe d'aïeux.

Viens, pauvre enfant, douce Marie,
Fleur éclose à seize printemps !
Avant qu'elle ne soit flétrie,
Foulons l'herbe de la prairie :
Ils sont si courts, ces doux instants !

Demain, par la bise sévère,
Nous expierons notre bonheur ;
La neige couvrira la terre ;
L'âge et le froid, double misère,
Déploieront sur nous leur rigueur.

Demain, nous verrons un nuage
Obscurcir ce bel horizon,
Aux fossettes de ton visage
Succéder les rides de l'âge,
A l'amour la froide raison.

LA SŒUR DU PRISONNIER.

Silvio Pellico, emprisonné au Spielberg avec Maroncelli, apprend, par une gazette introduite clandestinement dans son cachot, que la plus jeune de ses sœurs, Maria Angiola, vient de prendre le voile à Turin. Maroncelli compose à ce sujet un poëme qu'il grave avec un morceau de verre sur les murs du cachot ; mais la crainte de compromettre le geôlier lui fait effacer ces vers, dont il ne lui reste rien dans la mémoire.

———

Cher Silvio, renais à l'espérance,
La voix d'un ange intercède pour toi ;
Entends ces vœux faits pour ta délivrance,
A leur succès tu peux ajouter foi.

Reconnais-le : cet ange a nom Marie,
Nom entre tous agréable au Seigneur ;
Demande au Ciel avec quelle âme il prie,
Reconnais-le : cet ange, c'est ta sœur.

C'est la plus jeune, et son vœu sacrifie
Tout l'avenir, pour briser ta prison ;
Vierge, à quinze ans elle engage sa vie,
Et court payer d'avance ta rançon.

Dieu la préfère à ses aînées,
Son âge double sa valeur ;
Victime sainte, le Seigneur
Lui tient compte de ses années.

Pure de tout amour humain,
A peine au monde elle est connue ;
Du ciel la dernière venue,
Son âme en sait mieux le chemin.

Sa prière en ton nom s'élance
Jusqu'au pied du trône divin,
Ce trône qui jamais en vain
Ne laisse implorer sa puissance.

Le cachot perd de sa noirceur
Aux accents d'une voix si chère ;
La chaîne devient plus légère
A la prière d'une sœur !

Cher Silvio, renais à l'espérance,
La voix d'un ange intercède pour toi ;
Entends ces vœux faits pour ta délivrance,
A leur succès tu peux ajouter foi.

Sans te revoir (quelle douleur pour elle),
Toi qui des siens par-dessus tous l'aimais;
Elle a quitté la maison paternelle,
Sans te revoir elle a fui pour jamais!

A chaque pas sentant croître sa peine,
Dont rougissait un généreux amour,
Elle pensa qu'elle allégeait ta chaîne,
Que chaque pas avançait ton retour.

Mais près d'une famille entière?
Fit-elle bien un tel effort;
Ou dans ce monde après leur mort
Demeurait-elle la dernière?

Seule ferma-t-elle les yeux
A tant d'objets de sa tendresse?
Pour toi leur suprême caresse
Lui transmit-elle leurs adieux?

Le ciel, dans sa sagesse austère,
La séparant de tous les siens,
Avait-il brisé les liens
Qui l'attachaient à cette terre?

Dans le silence des prisons
Quand nous languissons, morts au monde,
Quel ange, en cette nuit profonde,
De sa voix fait percer les sons ?

Cher Silvio, cet ange a nom Marie,
Nom entre tous agréable au Seigneur ;
Demande au ciel avec quelle âme il prie,
Cher Silvio : cet ange, c'est ta sœur.

Il vient chasser une triste pensée :
Des tiens encor nul n'a perdu le jour ;
Tous, excepté la sainte fiancée,
Ils seront là pour bénir ton retour.

Tous ont béni les vœux de la novice,
Tous ont donné des pleurs à son départ ;
Rien n'a terni l'éclat du sacrifice,
Le désespoir n'y vint point prendre part.

Elle a reçu de son vieux père
La sainte bénédiction,
Et de la résignation
Sut donner l'exemple à sa mère.

Pauvre mère, hélas! dont le cœur,
Saignant d'une ancienne blessure,
N'a pu contenir un murmure
Contre l'ordre du Créateur.

Cet enfant, dont le badinage
Naguère aux siens semblait si doux,
Les a vus tous à ses genoux,
S'incliner devant son courage.

Car elle n'était plus qu'à Dieu,
Touchant à peine un sol immonde,
Et semblait, prête à fuir ce monde,
Déployer des ailes de feu.

Cher Silvio, renais à l'espérance,
La voix d'un ange intercède pour toi;
Entends ces vœux faits pour ta délivrance,
A leur succès tu peux ajouter foi.

Tu le connais, cet ange a nom Marie,
Nom entre tous agréable au Seigneur;
Demande au Ciel avec quelle âme il prie;
Tu le connais : cet ange, c'est ta sœur.

C'est la plus jeune, et son vœu sacrifie
Tout l'avenir, pour briser ta prison ;
Vierge, à quinze ans elle engage sa vie,
Et court payer d'avance ta rançon.

Ainsi donc, pour les siens la perte est consommée ;
Du couvent sans retour elle a franchi le seuil ;
La porte s'est sur elle à jamais refermée...
Mais bientôt au milieu des regrets et du deuil,
Semblable à l'arc-en-ciel au plus fort de l'orage,
Une douce pensée a rendu le courage
A tant de cœurs navrés de ces tristes adieux ;
Tous vers le prisonnier, objet de tant d'alarmes,
Ont tourné leurs regards encor chargés de larmes :
L'espoir de ton retour vint essuyer leurs yeux.

Il me semble d'ici voir ta famille entière,
S'unissant dans le vœu d'une même prière,
Et réclamant au Ciel le prix d'un dévouement
Dont ta liberté seule est le digne paiement.
Ah ! surtout une voix plus forte, plus amère,
De ses pleurs chaque soir demande compte à Dieu !
Dieu pardonne ces cris à la voix d'une mère ;
A de semblables cris lui-même a donné lieu.

De son côté, Marie, au fond de sa cellule,
Frappant son jeune sein dans un divin scrupule,
Redouble de rigueur, se dévoue au trépas
Pour un frère chéri qu'elle ne verra pas !

Combien de fois déjà dans son impatience,
De cette terre au ciel maudissant la distance,
Elle eût voulu que Dieu, la rappelant à lui,
La laissât de plus près implorer son appui ?
Que de fois, s'exhalant en ardente prière,
Son âme a soulevé le poids de la matière,
Et supplié le Ciel qu'il prît pour ta rançon
Ce corps, d'une telle âme odieuse prison !
Renonçant aux doux noms et d'épouse et de mère,
Sa bouche n'a connu que le baiser d'un frère ;
Son cœur d'un autre amour n'a jamais palpité ;
Sa seule passion, ce fut la charité.
C'est ainsi que, coupable et faible créature,
La femme se soustrait aux lois de la nature,
Élude noblement l'ordre d'un Dieu vengeur,
Qui les fait enfanter toutes dans la douleur !

Tendres sœurs, à jamais dignes de notre hommage,
Dont la main généreuse et console et soulage

Tant de maux assemblés sur cet exil d'un jour,
Dont l'amitié s'accroît de l'instinct de l'amour !

Amour, rêve brillant, séduisante chimère
De quiconque poursuit le bonheur sur la terre;
Étincelle enlevée au feu sacré du ciel,
Dont la mort frappe en nous le vice originel;
Plaisir où le regret suit de trop près l'ivresse,
Où l'inconstance accuse une loi vengeresse,
Où le remords punit la criminelle erreur
D'aimer la créature, au lieu du Créateur.

Amitié, don du Ciel, bien de plus de durée,
Ta flamme non moins vive est toujours épurée;
Et le cœur qui conçut un pareil dévouement
Aime en frère, et ne sait ce que c'est qu'un amant !

Cher Silvio, renais à l'espérance,
La voix d'un ange intercède pour toi;
Entends ces vœux faits pour ta délivrance,
A leur succès tu peux ajouter foi.

Jadis, hélas ! notre belle patrie
Courbait son front sous un ciel irrité;

Ange divin, qu'à votre voix chérie,
De son tombeau sorte la liberté!

Qu'ils soient passés ces jours de tyrannie,
Qu'ils ne soient plus qu'un triste souvenir!
Notre retour, aux fils de l'Italie
Est le signal d'un nouvel avenir.

Berceau des arts et de la gloire,
Oui, leurs mains ont brisé tes fers;
Tous les affronts qu'ils ont soufferts
Sont effacés par la victoire!

Digne sang d'antiques héros,
Ils peuvent relever la tête;
Venise n'est plus la conquête
Des barbares impériaux!

Fille d'une immortelle mère,
Rome sort d'un trop long sommeil;
Un sang impur à son réveil
Rougit sa généreuse terre.

Liberté, pour un si beau jour,

Quand je fais résonner ma lyre,
Faut-il que le nom qui m'inspire
Frappe l'écho d'un tel séjour?

Cher Silvio, renais à l'espérance,
La voix d'un ange intercède pour toi;
Entends ces vœux faits pour ta délivrance,
A leur succès tu peux ajouter foi.

Reconnais-le : cet ange a nom Marie,
Nom entre tous agréable au Seigneur;
Demande au Ciel avec quelle âme il prie,
Reconnais-le : cet ange, c'est ta sœur.

C'est la plus jeune, et son vœu sacrifie
Tout l'avenir pour briser ta prison;
Vierge, à quinze ans elle engage sa vie,
Et court payer d'avance ta rançon.

Dieu la préfère à ses aînées,
Son âge double sa valeur;
Victime sainte, le Seigneur
Lui tient compte de ses années.

Pure de tout amour humain ,
A peine au monde elle est connue ;
Du ciel la dernière venue,
Son âme en sait mieux le chemin.

Sa prière en ton nom s'élance
Jusqu'au pied du trône divin,
Ce trône qui jamais en vain
Ne laisse implorer sa puissance.

Le cachot perd de sa noirceur
Aux accents d'une voix si chère ;
La chaîne devient plus légère
A la prière d'une sœur.

Cher Silvio , renais à l'espérance ,
La voix d'un ange intercède pour toi ;
Entends ces vœux faits pour ta délivrance ,
A leurs succès tu peux ajouter foi.

FIN.

TABLE DES MATIÈRES.

FIN DE LA TABLE.